GABELN ÜBER MESSER KOCHBUCH

Über 100 pflanzliche Rezepte für Gesundheit und Nachhaltigkeit, darunter glutenfreie und Sojafreie Option

Maximilian Hoffmann

Urheberrechtliches Material ©2023

Alle Rechte vorbehalten

Ohne die entsprechende schriftliche Zustimmung des Herausgebers und Urheberrechtsinhabers darf dieses Buch in keiner Weise, Form oder Form verwendet oder verbreitet werden, mit Ausnahme kurzer Zitate in einer Rezension. Dieses Buch sollte nicht als Ersatz für medizinische, rechtliche oder andere professionelle Beratung betrachtet werden.

INHALTSVERZEICHNIS

INHALTSVERZEICHNIS **3**
EINFÜHRUNG **6**
FRÜHSTÜCKE **7**
   1. Würziger tropischer grüner Smoothie 8
   2. Sehr beeriger Smoothie 10
   3. Bananen-Cranberry-Smoothie 12
   4. Erdbeer-Pfirsich-Smoothie 14
   5. Klobiger Affen-Smoothie 16
   6. Kürbiskuchen-Smoothie 18
   7. Lebkuchen-Smoothie 20
Müsli und Müsli **22**
   8. Müsli vom Herd 23
   9. Einfaches gebackenes Müsli 25
   10. Bananen-Mandel-Granola 27
   11. Bananen-, Dattel- und Kokosmüsli 29
   12. Apfel-Zimt-Müsli 31
   13. Bananen-Granola-Parfait 33
   14. Kirsch-Pekanuss-Müsliriegel 35
HEISSES GETREIDE **37**
   15. Einfaches Haferflockenmehl 38
   16. Langsam gegarter Stahlhafer 40
   17. Süßkartoffelkuchen-Haferflocken 42
   18. Frühstücks-Quinoa mit Apfelkompott 44
   19. Congee mit Datteln und Gewürzen 46
   20. Frühstückspudding aus braunem Reis 48
   21. Polenta mit Trockenfruchtkompott 50
   22. Polenta mit Birnen und Preiselbeeren 52
   23. Fruchtgerste 54
   24. Dinkel-Beeren-Frühstücksflocken 56
Herzhaftes Frühstück **58**
   25. Ackee Breakfast Scramble 59
   26. Frühstücks-Ranheros 61
   27. Portobello Florentine 63
   28. Ful Medames 65
SALATE UND BEILAGEN **67**
   29. Sprossen mit grünen Bohnen 68

30. Pilzpilaw 70
31. Veganer Krautsalat 72
32. Gemüse-Medley 74
33. Geröstete grüne Pekannussbohnen 76
34. Gebratene Grünkohlsprossen 78
35. Gegrilltes Gemüse 80
36. Gemischter grüner Salat 82
37. Tofu-Pak-Choi-Salat 84
38. Veganer Gurkensalat 86
39. Tempeh und Süßkartoffeln 88
40. Thailändischer Quinoa-Salat 90

SNACKS 92

41. Grüner Protein-Snack-Topf 93
42. Quinoa-Muffin-Häppchen 95
43. Vegane Proteinriegel 97
44. PB- und J-Energiebisse 99
45. Gerösteter Karotten-Hummus 101
46. Puff-Quinoa-Riegel 103
47. Schokoladenkekse 105
48. Geschälter Edamame-Dip 107
49. Matcha-Cashew-Becher 109
50. Kichererbsen-Schokoladenscheiben 111
51. Süße grüne Kekse 113
52. Bananenriegel 115
53. Protein-Donuts 117
54. Keks-Mandelbällchen 119
55. Honig-Sesam-Tofu 121
56. Erdnussbutter-Fettbomben 123
57. Ahorn-Pekannuss-Fat-Bomb-Riegel 125
58. Blumenkohl-Vorspeisen 127
59. Seitan-Pizzabecher 129
60. Gegrillte Seitan- und Gemüsespiesse 131
61. Quinoa-Muffin-Häppchen 133
62. PB- und J-Energiebisse 135
63. Gerösteter Karotten-Hummus 137
64. Matcha-Cashew-Becher 139
65. Honig-Sesam-Tofu 141

HAUPTKURS 143

66. Shiitake-Käse-Burger-Auflauf 144
67. Gebackener Jambalaya-Auflauf 146
68. Mit Auberginen und Tempeh gefüllte Nudeln 148
69. Tofu mit Bohnensauce und Nudeln 151
70. Tofu nach Cajun-Art 154
71. Vegane Tofu-Lasagne 156
72. Kürbisravioli mit Erbsen 158
73. Zucchininudeln mit Parmesan 161
74. Mandelbutter-Tofu-Pfanne 163
75. Quinoa-Kichererbsen-Buddha-Schale 165
76. Klebriger Tofu mit Nudeln 168
77. Veganer BBQ-Teriyaki-Tofu 170
78. Tofu mit Radieschenkruste 172
79. Rauchiger Kichererbsen-Thunfischsalat 175

NACHSPEISEN 177

80. Mit Koriander angereichertes Avocado-Limetten-Sorbet 178
81. Kürbiskuchen-Käsekuchen 180
82. Mokka-Eis 182
83. Kirsch-Schokoladen-Donuts 184
84. Brombeerpudding 186
85. Kürbiskuchen mit Ahornsirup 188
86. Rustikaler Cottage Pie 190
87. Schokoladen-Amaretto-Fondue 192
88. Flans mit Himbeercoulis 194
89. Fruchtbällchen in Bourbon 196

VINAIGRETTEN UND MARINADEN 198

90. Knoblauch-Ranch-Dressing 199
91. Dressing aus roten Zwiebeln und Koriander 201
92. Dilly Ranch-Creme-Dressing 203
93. Heißes Cha-Cha-Dressing 205
94. Vinaigrette nach Cajun-Art 207
95. Senfvinaigrette 209
96. Ingwer-Pfeffer-Vinaigrette 211
97. Zitrusvinaigrette 213
98. Weißer Pfeffer und Nelken einreiben 215
99. Chili-Trockenreibe 217
100. Basische pflanzliche Marinade 219

ABSCHLUSS 221

EINFÜHRUNG

Sind Sie auf der Suche nach geschmackvollen, sättigenden und nahrhaften Mahlzeiten, die Ihnen dabei helfen, einen gesunden Lebensstil aufrechtzuerhalten? Dann ist das Kochbuch „Gabeln über Messer" genau das Richtige für Sie. Es enthält köstliche Vollwertrezepte auf pflanzlicher Basis, die Ihnen dabei helfen sollen, eine optimale Gesundheit und Gewichtsabnahme zu erreichen. Darin finden Sie über 100 köstliche Rezepte, die frei von tierischen Produkten, raffiniertem Zucker und verarbeiteten Lebensmitteln sind. Vom herzhaften Frühstück bis zum herzhaften Abendessen und allem, was dazwischen liegt, in diesem Kochbuch ist für jeden etwas dabei.

Entdecken Sie die Kraft der pflanzlichen Ernährung mit Rezepten wie Zucchini-Küchlein, Linsen-Gemüse-Shepherd-Pie, schwarzem Bohnen-Süßkartoffel-Chili und cremigem Pilz-Stroganoff. Jedes Rezept ist sorgfältig zusammengestellt, um maximalen Geschmack und Nährstoffe zu bieten und gleichzeitig einfach zuzubereiten und preisgünstig zu sein.

Mit dem Kochbuch „Gabeln statt Messer" erfahren Sie, wie Sie köstliche Mahlzeiten zubereiten, die Ihren Heißhunger stillen, ohne Ihre Gesundheit zu beeinträchtigen. Ganz gleich, ob Sie ein erfahrener pflanzlicher Esser sind oder gerade erst damit beginnen: Dieses Kochbuch ist die perfekte Quelle für alle, die ihre Gesundheit und ihr Wohlbefinden verbessern möchten.

Vollwertkost, pflanzlich, gesundes Leben, Gewichtsverlust, geschmackvolle, sättigende, nahrhafte Mahlzeiten, optimale Gesundheit, tierische Produkte, raffinierter Zucker, verarbeitete Lebensmittel, herzhaftes Frühstück, herzhafte Abendessen, Zucchini-Küchlein, Linsen, Gemüse-Shepherd-Pie, schwarze Bohnen , Süßkartoffel-Chili, cremiger Pilz-Stroganoff, maximaler Geschmack, Ernährung, einfach zuzubereiten, preisgünstig, Heißhunger, Gesundheit, Wellness.

FRÜHSTÜCKE

1. **<u>Würziger tropischer grüner Smoothie</u>**

Für 1 Person
2 Tassen dicht gepackte Spinatblätter
1 Tasse gefrorene Ananasstücke
1 Tasse gefrorene Mangostücke
1 kleine Mandarine, geschält und entkernt, oder Saft einer Limette
1 Tasse Kokoswasser
¼ Teelöffel Cayennepfeffer (optional)
Alle Zutaten in einen Mixer geben und auf hoher Stufe mixen, bis eine glatte Masse entsteht. Kalt genießen.

2. Sehr Beeren-Smoothie

Für 1 Person
1½ Tassen ungesüßte Mandelmilch, plus mehr nach Bedarf, oder Wasser
1 Tasse Beeren, zum Beispiel Erdbeeren, Blaubeeren oder Himbeeren
½ Tasse entsteinte und gehackte Medjool-Datteln oder nach Geschmack

Alle Zutaten in einen Mixer geben und zu einer glatten, cremigen Masse verarbeiten. Bei Bedarf noch mehr Mandelmilch hinzufügen, um eine glatte Konsistenz zu erreichen.

3. Bananen-Cranberry-Smoothie

BANANEN, CRANBERRIES UND Datteln vereinen sich zu diesem süßen und würzigen Frühstücksgetränk. Ich mag es mit Mandelmilch, aber du kannst auch jede andere pflanzliche Milch verwenden, die du bevorzugst.

Für 1 Person

1½ Tassen ungesüßte Pflanzenmilch oder Wasser
1 Tasse gefrorene Preiselbeeren
1 große Banane, geschält
½ Tasse entsteinte und gehackte Medjool-Datteln oder nach Geschmack

Alle Zutaten in einen Mixer geben und zu einer glatten, cremigen Masse verarbeiten.

4. **Erdbeer-Pfirsich-Smoothie**

Für 1 Person
½ Tasse gehackte gefrorene Erdbeeren
½ Tasse gefrorene Pfirsichscheiben
1½ Tassen ungesüßte Pflanzenmilch, plus mehr nach Bedarf
½ Tasse entsteinte und gehackte Medjool-Datteln oder nach Geschmack

Alle Zutaten in einen Mixer geben und zu einer glatten, cremigen Masse verarbeiten. Fügen Sie bei Bedarf mehr Pflanzenmilch hinzu, um eine glatte Konsistenz zu erreichen.

5. Klobiger Affen-Smoothie

Für 1 Person
1 Tasse ungesüßte Mandelmilch, plus mehr nach Bedarf, oder Wasser
2 mittelgefrorene Bananen, geschält und in Stücke geschnitten
1 Esslöffel Erdnussbutter
½ Tasse entsteinte und gehackte Medjool-Datteln oder nach Geschmack
1 Esslöffel ungesüßter Kakao

Alle Zutaten in einen Mixer geben und zu einer glatten, cremigen Masse verarbeiten. Fügen Sie nach Bedarf mehr Mandelmilch hinzu, um eine glatte Konsistenz zu erreichen.

6. Kürbiskuchensmoothie

Für 1 Person
1 Tasse ungesüßte Mandelmilch oder Wasser
½ Tasse Kürbispüree
½ Tasse Eiswürfel
4 Medjool-Datteln, entsteint und gehackt, oder nach Geschmack
¼ Teelöffel reiner Vanilleextrakt
¼ Teelöffel gemahlener Zimt
Eine Prise gemahlene Muskatnuss

Alle Zutaten in einen Mixer geben und pürieren, bis eine glatte und cremige Masse entsteht.

7. Lebkuchen-Smoothie

Für 1 Person
1½ Tassen ungesüßte Pflanzenmilch oder Wasser
1 Teelöffel ungeschwefelte Melasse oder nach Geschmack (siehe mehr über Sulfite und Schwefeldioxid)
6 Medjool-Datteln, entkernt und gehackt
½ Zoll großes Stück Ingwer, geschält und gerieben, oder nach Geschmack
Eine Prise gemahlenen Zimt
Eine Prise gemahlene Muskatnuss
2 bis 3 Eiswürfel
Alle Zutaten in einen Mixer geben und zu einer glatten, cremigen Masse verarbeiten.

Müsli und Müsli

8. Müsli vom Herd

Ergibt zwölf ½-Tassen-Portionen
5 Tassen Haferflocken
¾ Tasse Dattelmelasse oder brauner Reissirup
1 Esslöffel gemahlener Zimt
½ Teelöffel Salz oder nach Geschmack
1 Tasse gehackte Trockenfrüchte (wie Äpfel, Aprikosen, Datteln, Rosinen, Preiselbeeren oder Blaubeeren)

1. Rösten Sie die Haferflocken in einem Topf bei mittlerer Hitze und ständigem Rühren 4 bis 5 Minuten lang oder bis sie leicht geröstet sind. Übertragen Sie sie in eine große Schüssel.

2. In denselben Topf die Melasse geben und bei mittlerer bis niedriger Hitze zum Kochen bringen. 1 Minute kochen lassen. Die gerösteten Haferflocken, Zimt und Salz zur Melasse geben und gut vermischen. Gießen Sie das Müsli auf ein antihaftbeschichtetes Backblech und lassen Sie es auf Raumtemperatur abkühlen.

3. Wenn das Müsli abgekühlt ist, geben Sie es in eine große Schüssel und rühren Sie die Trockenfrüchte hinein. In einem luftdichten Behälter bis zu 2 Wochen aufbewahren.

9. Einfaches gebackenes Müsli

Ergibt 16 ½-Tassen-Portionen
8 Tassen Haferflocken
1½ Tassen entsteinte und gehackte Datteln
Schale von 2 Orangen
1 Teelöffel gemahlener Zimt
1 Teelöffel reiner Vanilleextrakt
1 Teelöffel Salz oder nach Geschmack

1. Heizen Sie den Ofen auf 275 °F vor.
2. Die Haferflocken in eine große Rührschüssel geben und beiseite stellen. Zwei 13 × 18 Zoll große Backformen mit Backpapier auslegen.
3. Geben Sie die Datteln in einen mittelgroßen Topf mit 2 Tassen Wasser, bringen Sie sie zum Kochen und kochen Sie sie bei mittlerer Hitze etwa 10 Minuten lang. Fügen Sie bei Bedarf mehr Wasser hinzu, damit die Datteln nicht an der Pfanne kleben bleiben. Vom Herd nehmen und die Mischung mit Orangenschale, Zimt, Vanille und Salz in einen Mixer geben und glatt und cremig verarbeiten.
4. Die Dattelmischung zu den Haferflocken geben und gut vermischen. Verteilen Sie das Granola auf die beiden vorbereiteten Pfannen und verteilen Sie es gleichmäßig in den Pfannen. 40 bis 50 Minuten backen, dabei alle 10 Minuten umrühren, bis das Müsli knusprig ist. Aus dem Ofen nehmen und abkühlen lassen, bevor es in luftdichten Behältern aufbewahrt wird (das Müsli wird beim Abkühlen noch knuspriger).

10. Bananen-Mandel-Granola

Ergibt 16 ½-Tassen-Portionen
8 Tassen Haferflocken
2 Tassen entsteinte und gehackte Datteln
2 reife Bananen, geschält und gehackt
1 Teelöffel Mandelextrakt
1 Teelöffel Salz oder nach Geschmack
1 Tasse Mandelblättchen, geröstet, optional

1. Heizen Sie den Ofen auf 275 °F vor.
2. Die Haferflocken in eine große Rührschüssel geben und beiseite stellen. Zwei 13 x 18 Zoll große Backformen mit Backpapier auslegen.
3. Die Datteln in einen mittelgroßen Topf mit 1 Tasse Wasser geben, zum Kochen bringen und bei mittlerer Hitze 10 Minuten kochen lassen. Fügen Sie bei Bedarf mehr Wasser hinzu, damit die Datteln nicht an der Pfanne kleben bleiben. Vom Herd nehmen und die Mischung mit der Banane, dem Mandelextrakt und dem Salz in einen Mixer geben. Zu einer glatten und cremigen Masse verarbeiten.
4. Die Dattelmischung zu den Haferflocken geben und gut vermischen. Das Granola auf die beiden vorbereiteten Pfannen verteilen und gleichmäßig in den Pfannen verteilen. 40 bis 50 Minuten backen, dabei alle 10 Minuten umrühren, bis das Müsli knusprig ist. Nehmen Sie es aus dem Ofen und lassen Sie es abkühlen, bevor Sie bei Bedarf die Mandelblättchen hinzufügen (das Müsli wird beim Abkühlen noch knuspriger). Bewahren Sie das Müsli in einem luftdichten Behälter auf.

11. Bananen-, Dattel- und Kokosmüsli

Für 2 Personen
1 Tasse Haferflocken
¾ Tasse ungesüßte Mandelmilch
½ Tasse entkernte und gehackte Datteln
¼ Tasse ungesüßte Kokosnuss, geröstet
1 Banane, geschält und in Scheiben geschnitten
Alle Zutaten in eine Schüssel geben und 15 Minuten quellen lassen.

12. Apfel-Zimt-Müsli

Für 2 Personen
1 Tasse Haferflocken
¾ Tasse ungesüßte Mandelmilch
½ Tasse Rosinen
¼ Teelöffel gemahlener Zimt
2 Esslöffel Dattelmelasse oder brauner Reissirup, optional
1 Granny-Smith-Apfel

1. Haferflocken, Mandelmilch, Rosinen, Zimt und Dattelmelasse (falls verwendet) in einer Schüssel vermischen und 15 Minuten einweichen lassen. Wenn Sie bereit sind, das Müsli zu servieren, reiben Sie den Apfel in das Müsli (oder entkernen und hacken Sie den Apfel separat, bevor Sie ihn zum Müsli geben) und vermengen Sie ihn gut.

13. Bananen-Granola-Parfait

FÜR 4 PERSONEN
FÜR DIE BANANENCREME:
Eine 12-Unzen-Packung extra fester Seidentofu, abgetropft
2 reife Bananen, geschält und grob gehackt
2 Esslöffel Zitronensaft
½ Tasse Dattelmelasse oder brauner Reissirup
1 Teelöffel reiner Vanilleextrakt
Prise Salz oder nach Geschmack
2 Tassen Bananen-Mandel-Müsli oder Bananen-Dattel-Kokos-Müsli
½ Portion Obstsalat oder etwa 4 Tassen

So bereiten Sie die Bananencreme zu:

1. Tofu, Bananen, Zitronensaft, Dattelmelasse, Vanille und Salz in einem Mixer vermischen und pürieren, bis eine glatte und cremige Masse entsteht. Vor dem Servieren mindestens 1 Stunde kalt stellen.

ZUSAMMENBAU DES PARFAITS:

2. Halten Sie vier einzelne 6-Unzen-Parfaitgläser bereit.
3. Geben Sie ¼ Tasse Bananencreme auf den Boden eines Parfaitglases. Geben Sie ¼ Tasse Müsli darauf, gefolgt von ¼ Tasse Obstsalat. Wiederholen Sie den Vorgang, bis das Glas gefüllt ist, und machen Sie dann dasselbe mit den restlichen Parfaitgläsern.

14. Kirsch-Pekannuss-Müsliriegel

Ergibt 12 Riegel

2 Tassen Haferflocken

½ Tasse Datteln, entkernt und grob gehackt

½ Tasse Orangensaft

¼ Tasse gehackte Pekannüsse

1 Tasse mit Früchten gesüßte getrocknete Kirschen

½ Teelöffel gemahlener Zimt

¼ Teelöffel gemahlener Piment

Prise Salz oder nach Geschmack

1. Heizen Sie den Ofen auf 325 °F vor.
2. Verteilen Sie die Haferflocken auf einem 13 x 18 Zoll großen Backblech und backen Sie sie 10 Minuten lang oder bis sie anfangen zu bräunen. Aus dem Ofen nehmen und die Haferflocken in eine große Rührschüssel geben.
3. Datteln und Orangensaft in einem kleinen Topf vermischen und bei mittlerer Hitze etwa 15 Minuten kochen lassen. Geben Sie die Mischung in einen Mixer und verarbeiten Sie sie, bis sie glatt und cremig ist.
4. Die Dattelmischung mit den Haferflocken in die Schüssel geben und die Pekannüsse, getrockneten Kirschen, Zimt, Piment und Salz hinzufügen. Gut mischen.
5. Drücken Sie die Mischung in eine antihaftbeschichtete Backform (20 x 20 cm) und backen Sie sie 20 Minuten lang oder bis die Oberfläche leicht golden ist. Vor dem Schneiden in Riegel abkühlen lassen.

HEISSES GETREIDE

15. Einfaches Haferflockenmehl

Für 2 Personen
1 Tasse Haferflocken
2 Tassen Pflanzenmilch oder Wasser
Salz nach Geschmack

Haferflocken, Pflanzenmilch und Salz in einen kleinen Topf geben und zum Kochen bringen. Reduzieren Sie die Hitze auf mittlere Stufe und kochen Sie es etwa 5 Minuten lang oder bis die Haferflocken cremig werden.

16. Langsam gegarter Stahlhafer

Für 2 Personen
1 Tasse Haferflocken
2 Tassen gehackter getrockneter Apfel
1 Tasse Datteln, entkernt und gehackt
1 Zimtstange

Kombinieren Sie Hafer, getrockneten Apfel, Datteln, Zimtstange und 4 Tassen Wasser in einem 2- oder 4-Liter-Slow-Cooker. 8 Stunden kochen lassen, oder bis die Haferflocken weich sind. Vor dem Servieren die Zimtstange entfernen.

17. Süßkartoffelkuchen-Haferflocken

Für 2 Personen
1 große Süßkartoffel, geschält und gewürfelt
1 Tasse Haferflocken
1 Tasse ungesüßte Mandelmilch
½ Tasse Dattelmelasse
½ Teelöffel gemahlener Zimt
½ Teelöffel gemahlener Ingwer
¼ Teelöffel Orangenschale
¼ Teelöffel gemahlener Piment
Prise Salz

Die Süßkartoffel etwa 10 Minuten lang dämpfen oder kochen, bis sie weich ist. Abgießen, zerstampfen und zusammen mit Haferflocken, Mandelmilch, Melasse, Zimt, Ingwer, Orangenschale, Piment und Salz in einen kleinen Topf geben. Kochen Sie die Mischung bei mittlerer Hitze etwa 10 bis 12 Minuten lang, bis die Haferflocken weich sind.

18. Frühstücks-Quinoa mit Apfelkompott

FÜR 4 PERSONEN
FÜR DIE QUINOA:
1½ Tassen Quinoa, abgespült und abgetropft
1 Zimtstange
Salz nach Geschmack
FÜR DAS APFELKOMPOT:
½ Tasse Dattelmelasse
1 Tasse Datteln, entkernt und gehackt
4 Granny-Smith-Äpfel, geschält, entkernt und gewürfelt
1 Teelöffel gemahlener Zimt
Eine Prise gemahlene Muskatnuss
Schale und Saft von 1 Zitrone
QUINOA ZUBEREITEN:
1. 3 Tassen Wasser bei starker Hitze zum Kochen bringen. Quinoa, Zimtstange und Salz hinzufügen. Decken Sie den Topf ab, bringen Sie die Mischung erneut zum Kochen, reduzieren Sie die Hitze auf mittlere Stufe und kochen Sie sie 20 Minuten lang oder bis die Quinoa weich ist. Vor dem Servieren die Zimtstange entfernen.
So bereiten Sie das Apfelkompott zu:
2. Die Melasse in einen kleinen Topf geben und bei mittlerer Hitze zum Kochen bringen. Datteln, Apfel, Zimt, Muskatnuss sowie Zitronenschale und -saft hinzufügen und 15 Minuten kochen lassen, oder bis die Äpfel weich sind und zu zerfallen beginnen.
3. Zum Servieren die Quinoa auf einzelne Schüsseln verteilen und mit dem Apfelkompott belegen.

19. Congee mit Datteln und Gewürzen

FÜR 4 PERSONEN
4 Tassen gekochter brauner Reis
½ Tasse Datteln, entkernt und gehackt
½ Tasse gehackte ungeschwefelte Aprikosen (siehe mehr über Sulfite und Schwefeldioxid)
1 große Zimtstange
¼ Teelöffel gemahlene Nelken
Salz nach Geschmack

Bringen Sie 2 Tassen Wasser in einem großen Topf bei mittlerer Hitze zum Kochen. Reis, Datteln, Aprikosen, Zimtstange und Nelken hinzufügen. Bei mittlerer bis niedriger Hitze 15 Minuten kochen lassen oder bis die Mischung eindickt. Mit Salz. Vor dem Servieren die Zimtstange entfernen.

20. Frühstückspudding aus braunem Reis

FÜR 4 PERSONEN
3 Tassen gekochter brauner Reis
2 Tassen ungesüßte Mandelmilch
1 Zimtstange
⅛ bis ¼ Teelöffel gemahlene Nelken, nach Geschmack
1 Tasse Datteln, entkernt und gehackt
1 säuerlicher Apfel (z. B. Granny Smith), entkernt und gehackt
¼ Tasse Rosinen
Salz nach Geschmack
¼ Tasse Mandelblättchen, geröstet

Reis, Mandelmilch, Zimtstange, Nelken und Datteln in einem mittelgroßen Topf vermischen und bei mittlerer bis niedriger Hitze 12 Minuten lang kochen, oder bis die Mischung eindickt. Apfel, Rosinen und Salz hinzufügen. Vor dem Servieren die Zimtstange entfernen und mit den gerösteten Mandeln garniert servieren.

21. Polenta mit Trockenfruchtkompott

FÜR 4 PERSONEN

1 Portion Polenta Basic, warm gehalten
1 Tasse getrocknete ungeschwefelte Aprikosen (siehe mehr über Sulfite und Schwefeldioxid)
1 Tasse getrocknete Apfelstücke oder -hälften
1 Tasse goldene Rosinen
½ Tasse brauner Reissirup
1 Streifen Zitronenschale
1 Zimtstange
⅛ Teelöffel gemahlene Nelken

1. Aprikosen, Äpfel, Rosinen, braunen Reissirup, Zitronenschale, Zimtstange und Nelken in einem mittelgroßen Topf vermischen. Fügen Sie so viel Wasser hinzu, dass die Früchte bedeckt sind. Bei mittlerer bis hoher Hitze zum Kochen bringen, die Hitze reduzieren und 15 bis 20 Minuten köcheln lassen, bis die Früchte weich sind. Vor dem Servieren Zitronenschale und Zimtstange entfernen.

2. Zum Servieren die Polenta auf 4 einzelne Schüsseln verteilen. Das Kompott darüber geben.

22. Polenta mit Birnen und Preiselbeeren

FÜR 4 PERSONEN
1 Portion Polenta Basic, warm gehalten
½ Tasse brauner Reissirup
2 Birnen, geschält, entkernt und gewürfelt
1 Tasse frische oder getrocknete Cranberries
1 Teelöffel gemahlener Zimt

1. Den braunen Reissirup in einem mittelgroßen Topf erhitzen. Birnen, Preiselbeeren und Zimt dazugeben und unter gelegentlichem Rühren ca. 10 Minuten kochen, bis die Birnen weich sind.
2. Zum Servieren die Polenta auf 4 einzelne Schüsseln verteilen und mit dem Birnenkompott belegen.

23. **Fruchtige Gerste**

Für 2 Personen
1 bis 1½ Tassen Orangensaft
1 Tasse Graupen
2 Esslöffel Johannisbeeren
3 bis 4 getrocknete ungeschwefelte Aprikosen, gehackt (siehe mehr über Sulfite und Schwefeldioxid)
1 kleine Zimtstange
⅛ Teelöffel gemahlene Nelken
Prise Salz oder nach Geschmack

1 Tasse Wasser und 1 Tasse Orangensaft in einem mittelgroßen Topf bei mittlerer Hitze zum Kochen bringen. Gerste, Johannisbeeren, Aprikosen, Zimtstange, Nelken und Salz hinzufügen. Die Mischung zum Kochen bringen, abdecken, die Hitze auf mittlere bis niedrige Stufe reduzieren und 45 Minuten kochen lassen. Wenn die Gerste nach 45 Minuten noch nicht weich ist, fügen Sie eine weitere halbe Tasse Orangensaft hinzu und kochen Sie sie weitere 10 Minuten lang. Vor dem Servieren die Zimtstange entfernen.

24. Dinkel-Beeren-Frühstücksflocken

Für 2 Personen
1 Tasse Dinkelbeeren
¼ Teelöffel Salz
⅛ Teelöffel gemahlener Zimt
⅛ Teelöffel gemahlene Nelken
2 Tassen ungesüßte Mandelmilch
¾ Tasse Datteln, entkernt und gehackt
¼ Teelöffel Orangenschale

1. 2½ Tassen Wasser in einem mittelgroßen Topf zum Kochen bringen. Dinkel, Salz, Zimt und Nelken hinzufügen. Decken Sie den Topf ab und bringen Sie die Mischung zum Kochen. Reduzieren Sie die Hitze auf mittlere bis niedrige Stufe und kochen Sie es 45 bis 50 Minuten lang oder bis der Dinkel weich ist. Lassen Sie überschüssiges Wasser ab.
2. Mandelmilch, Datteln und Orangenschale zu den gekochten Dinkelbeeren geben und bei mittlerer bis niedriger Hitze 10 bis 12 Minuten köcheln lassen, bis die Masse durchgewärmt und cremig ist.

Herzhaftes Frühstück

25. Ackee Frühstücks-Rührei

FÜR 6 PERSONEN

1 mittelgroße rote Zwiebel, geschält und in ½ Zoll große Würfel geschnitten
1 mittelgroße rote Paprika, entkernt und in ½-Zoll-Würfel geschnitten
1 mittelgroße grüne Paprika, entkernt und in ½-Zoll-Würfel geschnitten
2 Tassen geschnittene Pilze (von etwa 8 Unzen ganzen Pilzen)
1 großer Blumenkohlkopf, in Röschen geschnitten, oder zwei 19-Unzen-Dosen jamaikanischer Ackee, abgetropft und vorsichtig abgespült
Salz nach Geschmack
½ Teelöffel frisch gemahlener schwarzer Pfeffer
1½ Teelöffel Kurkuma
¼ Teelöffel Cayennepfeffer oder nach Geschmack
3 Knoblauchzehen, geschält und gehackt
1 bis 2 Esslöffel natriumarme Sojasauce
¼ Tasse Nährhefe, optional

Geben Sie die Zwiebeln, die roten und grünen Paprikaschoten und die Pilze in eine mittelgroße Pfanne oder einen Topf und braten Sie sie bei mittlerer bis hoher Hitze 7 bis 8 Minuten lang an, oder bis die Zwiebeln glasig sind. Fügen Sie jeweils 1 bis 2 Esslöffel Wasser hinzu, damit das Gemüse nicht an der Pfanne kleben bleibt. Den Blumenkohl hinzufügen und 5 bis 6 Minuten kochen lassen, oder bis die Röschen weich sind. Salz, schwarzen Pfeffer, Kurkuma, Cayennepfeffer, Knoblauch, Sojasauce und ggf. Nährhefe in die Pfanne geben und weitere 5 Minuten kochen, bis es heiß und duftend ist.

26. Frühstück Rancheros

FÜR 6 PERSONEN
1 Portion Frühstücks-Rührei
1 mittelgroße gelbe Zwiebel, geschält und klein gewürfelt
4 Knoblauchzehen, geschält und gehackt
1 Jalapeño-Pfeffer, gehackt (für weniger Schärfe die Kerne entfernen)
1 Esslöffel gehackter Oregano
2 große Tomaten, gewürfelt
Salz nach Geschmack
6 Maistortillas
Gehackter Koriander

1. Geben Sie die Zwiebel in eine mittelgroße Pfanne oder einen Topf und braten Sie sie 10 Minuten lang an, oder bis die Zwiebel weich ist und anfängt zu bräunen. Fügen Sie jeweils 1 bis 2 Esslöffel Wasser hinzu, damit die Zwiebeln nicht an der Pfanne kleben bleiben. Knoblauch, Jalapeño-Pfeffer und Oregano hinzufügen und weitere 2 Minuten kochen lassen. Fügen Sie die Tomaten hinzu und kochen Sie sie etwa 10 Minuten lang, bis sie zu zerfallen beginnen. Mit Salz.

2. Während die Soße kocht, erhitzen Sie die Tortillas einzeln einige Minuten lang auf einer trockenen, beschichteten Pfanne bei mittlerer Hitze und drehen Sie sie dabei häufig. Wickeln Sie die erhitzten Tortillas in ein Küchentuch, um sie warm zu halten.

3. Zum Servieren eine warme Tortilla auf einen Teller legen und etwas Soße darüber löffeln. Mit etwas Frühstücks-Rührei belegen und mit Koriander garnieren.

27. Portobello Florentiner

FÜR 4 PERSONEN

1 Portion gegrillte Portobello-Pilze
2 Tassen Blumenkohlröschen (von einem halben mittelgroßen Kopf)
¼ Tasse Gemüsebrühe oder natriumarme Gemüsebrühe
2 Esslöffel frischer Zitronensaft
⅛ Teelöffel Cayennepfeffer
1 Pfund frischer Spinat
Salz und frisch gemahlener schwarzer Pfeffer nach Geschmack

1. Blumenkohl, Gemüsebrühe, Zitronensaft und Cayennepfeffer in einem mittelgroßen Topf vermischen und bei starker Hitze zum Kochen bringen. Reduzieren Sie die Hitze auf mittlere Stufe und kochen Sie den Blumenkohl etwa 8 bis 10 Minuten lang, bis er weich ist. Pürieren Sie die Mischung mit einem Stabmixer oder geben Sie sie in einen Mixer mit dicht schließendem Deckel und decken Sie ihn mit einem Handtuch ab, pürieren Sie sie, bis sie cremig ist, und geben Sie die Blumenkohl-Hollandaise zurück in die Pfanne, um sie warm zu halten.

2. Den Spinat mit ¼ Tasse Wasser in einen großen Topf geben. Zugedeckt bei mittlerer Hitze kochen, bis der Spinat zusammenfällt. Abgießen und mit Salz und Pfeffer würzen.

3. Zum Servieren einen gegrillten Portobello-Pilz auf jeden der vier einzelnen Teller legen und den Spinat auf die Pilze verteilen. Die Sauce über den Spinat geben und heiß servieren.

28. Ful Medames

FÜR 4 PERSONEN

1½ Pfund getrocknete Ackerbohnen, 8 bis 10 Stunden eingeweicht
1 mittelgroße gelbe Zwiebel, geschält und klein gewürfelt
4 Knoblauchzehen, geschält und gehackt
1 Teelöffel gemahlener Kreuzkümmel
Schale und Saft von 1 Zitrone
Salz nach Geschmack
1 Zitrone, geviertelt

1. Die Bohnen abschütten, abspülen und in einen großen Topf geben. Mit so viel Wasser bedecken, dass die Bohnen 10 cm bedeckt sind, und bei starker Hitze zum Kochen bringen. Reduzieren Sie die Hitze auf mittlere Stufe, decken Sie sie ab und kochen Sie sie etwa 1½ bis 2 Stunden lang, bis die Bohnen weich sind.

2. Während die Bohnen kochen, geben Sie die Zwiebeln in eine mittelgroße Pfanne oder einen Topf und braten Sie sie bei mittlerer Hitze 8 bis 10 Minuten lang an, oder bis die Zwiebeln weich sind und anfangen zu bräunen. Knoblauch, Kreuzkümmel sowie Zitronenschale und -saft hinzufügen und weitere 5 Minuten kochen lassen. Beiseite stellen, bis die Bohnen vollständig gekocht sind.

3. Wenn die Bohnen fertig gekocht sind, lassen Sie die gesamte Flüssigkeit bis auf eine halbe Tasse aus dem Topf ab und geben Sie die Zwiebelmischung zu den Bohnen. Gut vermischen und mit Salz würzen. Mit den Zitronenvierteln garniert servieren.

SALATE UND BEILAGEN

29. Sprossen mit grünen Bohnen

Zutaten:
- 600 g Rosenkohl, geviertelt und geschnitten.
- 600 g grüne Bohnen.
- 1 Esslöffel Olivenöl.
- 1 Zitrone abreiben und auspressen.
- 4 Esslöffel geröstete Pinienkerne.

Richtungen:
a) Ein paar Sekunden kochen lassen, dann das Gemüse dazugeben und 3-4 Minuten unter Rühren anbraten, bis die Sprossen etwas Farbe bekommen.
b) Fügen Sie einen Spritzer Zitronensaft sowie Salz und Pfeffer hinzu und schmecken Sie ab.

30. Pilzpilaw

Macht 2

Zutaten
- 1 Tasse Hanfsamen
- 2 Esslöffel Kokosöl
- 3 mittelgroße Pilze, klein gewürfelt
- 1/4 Tasse geschnittene Mandeln
- 1/2 Tasse Gemüsebrühe
- 1/2 Teelöffel Knoblauchpulver
- 1/4 Teelöffel getrocknete Petersilie
- Salz und Pfeffer nach Geschmack

Richtungen

a)   Das Kokosöl in einer Pfanne bei mittlerer Hitze erhitzen und aufkochen lassen. Sobald es zu brodeln beginnt, die Mandelblättchen und die Pilze in die Pfanne geben.

b)   Sobald die Pilze weich sind, Hanfsamen in die Pfanne geben. Alles gründlich vermischen.

c)   Brühe und Gewürze hinzufügen.

d)   Reduzieren Sie die Hitze auf mittlere bis niedrige Stufe und lassen Sie die Brühe einweichen und köcheln.

31. <u>Veganer Krautsalat</u>

Macht 3

Zutaten
- 1/4 Kopf Wirsing
- 1/3 Tasse vegane Mayonnaise
- 1 Esslöffel Zitronensaft
- 1 Teelöffel Dijon-Senf
- 1/4 Teelöffel Knoblauchpulver
- 1/4 Teelöffel Zwiebelpulver
- 1/4 Teelöffel Pfeffer
- 1/8 Teelöffel Paprika
- Prise Salz

Richtungen
a) Schneiden Sie den Wirsing der Länge nach so, dass sich jeder Strang sauber vom Kohl löst.
b) Den Kohl mit allen anderen Zutaten in einer Rührschüssel vermischen. Herumwerfen.

32. **Gemüse-Medley**

Macht 2

Zutaten
- 6 Esslöffel Olivenöl
- 240g Baby-Bella-Pilze
- 115g Brokkoli
- 90g Paprika
- 90g Spinat
- 2 Esslöffel Kürbiskerne
- 2 Teelöffel gehackter Knoblauch
- 1 Teelöffel Salz
- 1 Teelöffel Pfeffer
- 1/2 Teelöffel rote Pfefferflocken

Richtungen

a) Das Olivenöl im Wok bei starker Hitze erhitzen. Den Knoblauch hinzufügen und eine Minute kochen lassen.

b) Wenn der Knoblauch anfängt zu bräunen, die Pilze dazugeben und umrühren.

c) Nachdem die Pilze den Großteil des Öls aufgesaugt haben, Brokkoli und Paprika dazugeben und alles gut vermischen.

d) Alle Gewürze und Kürbiskerne untermischen.

e) Sobald das Gemüse fertig ist, belegen Sie es mit Spinat und lassen Sie es im Dampf zusammenfallen.

f) Alles vermischen und servieren, sobald der Spinat zusammengefallen ist.

33. Geröstete grüne Pekannussbohnen

Ergibt 4

Zutaten
- 1 Pfund. Grüne Bohnen
- 1/4 Tasse Olivenöl
- 1/2 Tasse gehackte Pekannüsse
- 1 Zitronenschale
- 2 Teelöffel gehackter Knoblauch
- 1 Teelöffel rote Pfefferflocken

Richtungen

a) Mahlen Sie die Pekannüsse in einer Küchenmaschine.

b) Die grünen Bohnen mit Olivenöl, Zitronenschale, gehacktem Knoblauch und roten Paprikaflocken vermengen.

c) Heizen Sie den Ofen auf 350 °F vor und rösten Sie die grünen Bohnen 20–25 Minuten lang.

d) Mit gemahlenen Pekannüssen garnieren.

34. **Gebratene Grünkohlsprossen**

Macht 2

Zutaten
- 1/2 Tüte Grünkohlsprossen
- Öl zum Frittieren
- Salz und Pfeffer nach Geschmack

Richtungen
a) Erhitzen Sie das Öl in einer Fritteuse, bis es heiß ist.
b) Legen Sie die Grünkohlsprossen in den Frittierkorb.
c) Kochen Sie die Grünkohlsprossen weiter, bis die Ränder der Knolle gebräunt und die Blätter dunkelgrün sind.
d) Aus dem Korb nehmen und überschüssiges Fett auf Papiertüchern abtropfen lassen.
e) Mit Salz und Pfeffer abschmecken und genießen!

35. Gegrilltes Gemüse

Ergibt 6 Portionen

Zutaten
- 2 mittelgroße Zucchini
- 8 Unzen Pilze
- 2 Paprika
- 4 Esslöffel Avocadoöl
- 1/2 Teelöffel getrockneter Oregano
- 1/2 Teelöffel getrocknetes Basilikum
- 1/4 Teelöffel Knoblauchpulver
- 1/2 Teelöffel getrockneter Rosmarin

Richtungen

a)   Das Öl mit den getrockneten Gewürzen vermischen. Eine Prise Salz und Pfeffer hinzufügen.

b)   Mischen Sie das Gemüse mit der Marinade und lassen Sie es mindestens 10 Minuten ruhen, während Sie den Grill vorheizen.

c)   Grillen Sie das Gemüse bei ziemlich heißer Hitze. Kochen Sie das Gemüse, bis es zart-knusprig ist, und servieren Sie es!

36. Gemischter grüner Salat

Macht 1

Zutaten
Salat
- 2 UNZEN. Gemischte Grüntöne
- 3 Esslöffel Pinienkerne oder Mandeln, geröstet
- 2 Esslöffel einer bevorzugten Vinaigrette
- 2 Esslöffel gehobelter Parmesan
- 1 Avocado, Kern und Schale entfernt und in Scheiben geschnitten
- Salz und Pfeffer nach Geschmack

Richtungen
a)   Zum Servieren: Das Gemüse mit den Pinienkernen und der Vinaigrette vermischen.
b)   Mit Salz und Pfeffer abschmecken und mit Parmesanraspeln garnieren.
c)   Genießen.

37. **Tofu- und Pak-Choi-Salat**

Macht 3

Zutaten
- 15 Unzen. extra harter Tofu
- 9 Unzen. Bok Choy

Marinade
- 1 Esslöffel Sojasauce
- 1 Esslöffel Sesamöl
- 1 Esslöffel Wasser
- 2 Teelöffel gehackter Knoblauch
- Saft 1/2 Zitrone

Soße
- 1 Stiel Frühlingszwiebel
- 2 Esslöffel Koriander, gehackt
- 3 Esslöffel Kokosöl
- 2 Esslöffel Sojasauce
- 1 Esslöffel Sriracha
- 1 Esslöffel Erdnussbutter
- 1/2 Limette entsaften
- 7 Tropfen flüssiges Stevia

Richtungen

a) Heizen Sie den Ofen auf 350 Grad Fahrenheit vor.

b) Alle Zutaten für die Marinade in einer Rührschüssel vermischen (Sojasauce, Sesamöl, Wasser, Knoblauch und Zitrone).

c) Den Tofu in Quadrate schneiden und mit der Marinade in einer Plastiktüte vermischen. 10 Minuten oder länger marinieren.

d) Tofu herausnehmen und 15 Minuten auf einem Backblech backen.

e) In einer Rührschüssel alle Saucenzutaten vermischen.

f) Nehmen Sie den Tofu aus dem Ofen und vermischen Sie Tofu, Pak Choi und Soße in einer Salatschüssel.

38. Veganer Gurkensalat

Macht 1

Zutaten
- 3/4 große Gurke
- 1 Päckchen Shirataki-Nudeln
- 2 Esslöffel Kokosöl
- 1 mittelgroße Frühlingszwiebel
- 1/4 Teelöffel rote Pfefferflocken
- 1 Esslöffel Sesamöl
- 1 Teelöffel Sesamsamen
- Salz und Pfeffer nach Geschmack

Richtungen

a) Erhitzen Sie 2 Esslöffel Kokosöl in einer Pfanne bei mittlerer bis hoher Hitze.

b) Die Nudeln hinzufügen und abdecken. 5-7 Minuten kochen lassen oder bis es knusprig und gebräunt ist.

c) Die Shirataki-Nudeln aus der Pfanne nehmen und auf Küchenpapier abtropfen lassen. Beiseite legen.

d) Gurke in dünne Scheiben schneiden und in eine Schüssel geben. Mit Frühlingszwiebeln, Paprikaflocken, Sesamöl und den Nudeln vermengen.

e) Mit Salz und Pfeffer abschmecken.

f) Mit Sesamkörnern garnieren und auf einem Teller servieren.

39. Tempeh und Süßkartoffeln

Ergibt 4 Portionen

Zutaten
- 1 Pfund Tempeh
- 2 Esslöffel Sojasauce
- 1 Teelöffel gemahlener Koriander
- 1/2 Teelöffel Kurkuma
- 2 Esslöffel Olivenöl
- 3 große Schalotten, gehackt
- 1 oder 2 mittelgroße Süßkartoffeln, geschält und in 1/2-Zoll-Würfel geschnitten
- 2 Teelöffel geriebener frischer Ingwer
- 1 Tasse Ananassaft
- 2 Teelöffel hellbrauner Zucker
- Saft von 1 Limette

Richtungen

a) In einem mittelgroßen Topf mit siedendem Wasser das Tempeh 30 Minuten kochen. Übertragen Sie es in eine flache Schüssel. Fügen Sie 2 Esslöffel Sojasauce, Koriander und Kurkuma hinzu und verrühren Sie alles. Beiseite legen.

b) In einer großen Pfanne 1 Esslöffel Öl bei mittlerer Hitze erhitzen. Fügen Sie das Tempeh hinzu und kochen Sie es etwa 4 Minuten pro Seite, bis es auf beiden Seiten gebräunt ist. Aus der Pfanne nehmen und beiseite stellen.

c) In derselben Pfanne die restlichen 2 Esslöffel Öl bei mittlerer Hitze erhitzen. Schalotten und Süßkartoffeln hinzufügen. Abdecken und ca. 10 Minuten kochen lassen, bis es leicht weich und leicht gebräunt ist.

d) Ingwer, Ananassaft, den restlichen 1 Esslöffel Sojasauce und Zucker unterrühren.

e) Reduzieren Sie die Hitze auf eine niedrige Stufe, fügen Sie das gekochte Tempeh hinzu, decken Sie es ab und kochen Sie es etwa 10 Minuten lang, bis die Kartoffeln weich sind. Tempeh und Süßkartoffeln in eine Servierschüssel geben und warm halten.

f) Den Limettensaft in die Sauce einrühren und 1 Minute köcheln lassen, um die Aromen zu vermischen.

g) Die Soße über das Tempeh träufeln und sofort servieren.

40. Thailändischer Quinoa-Salat

Für den Salat:
- 1/2 Tasse gekochte Quinoa. Ich habe eine Kombination aus Rot und Weiß verwendet.
- 3 Esslöffel geriebene Karotte.
- 2 Esslöffel rote Paprika, sorgfältig in Scheiben geschnitten.
- 3 Esslöffel Gurke, fein geschnitten.
- Wenn gefroren, 1/2 Tasse Edamame aufgetaut.
- 2 Frühlingszwiebeln, fein gehackt.
- 1/4 Tasse Rotkohl, fein geschnitten.
- 1 Esslöffel Koriander, sorgfältig gehackt.
- 2 Esslöffel geröstete Erdnüsse, gehackt (optional).
- Salz schmecken.

Thailändisches Erdnussdressing:
- 1 Esslöffel cremige natürliche Erdnussbutter.
- 2 Teelöffel salzarme Sojasauce.
- 1 Teelöffel Reisessig.
- 1/2 Teelöffel Sesamöl.
- 1/2 – 1 Teelöffel Sriracha-Sauce (optional).
- 1 Knoblauchzehe, sorgfältig gehackt.
- 1/2 Teelöffel geriebener Ingwer.
- 1 Teelöffel Zitronensaft.
- 1/2 Teelöffel Agavendicksaft (oder Honig).

Richtungen:
a) Thai-Erdnuss-Dressing zubereiten:
b) Geben Sie alle Zutaten für die Zubereitung in eine kleine Schüssel und vermischen Sie alles, bis alles gut vermischt ist.
c) Für den Salat:
d) Quinoa mit dem Gemüse in einer Rührschüssel vermischen. Fügen Sie das Dressing hinzu und vermischen Sie es gut, um es zu integrieren.
e) Die gerösteten Erdnüsse darüber sprühen und servieren!

SNACKS

41. Grüner Protein-Snacktopf

Zutaten:
- 8 Unzen. Edamame-Bohnen, gefroren.
- 8 Unzen. Erbsen, gefroren.
- 4 Esslöffel Sesamkörner.
- 4 Esslöffel Sojasauce (natriumarm).
- Chilisauce nach Belieben und Geschmack.
- Koriander, optional.

Richtungen:

a) Gefrorene Erbsen und Edamame in eine mikrowellengeeignete Schüssel geben. Fügen Sie einen Spritzer Wasser hinzu und lassen Sie es etwa 30 Sekunden lang in der Mikrowelle auftauen, damit es Zimmertemperatur annimmt.

b) Geben Sie die Samen zusammen mit den Erbsen und Bohnen in einen kleinen Behälter, Topf oder Behälter.

c) Vor dem Verzehr Sojasauce, Chili und Koriander unterrühren. Genießen!

42. Quinoa-Muffin-Häppchen

Zutaten:
- 1 1/2 Tassen zubereitetes Quinoa.
- 2 Eier, verquirlt.
- 1/2 Tasse Süßkartoffelpüree.
- 1/2 Tasse schwarze Bohnen.
- 1 Esslöffel gehackter Koriander.
- 1 Teelöffel Kreuzkümmel.
- 1 Teelöffel Paprika.
- 1/2 Teelöffel Knoblauchpulver.
- 1/2 Teelöffel Salz.
- 1/8 Teelöffel schwarzer Pfeffer.
- Kochspray.

Richtungen:

a) Heizen Sie den Ofen auf 350° F vor. Geben Sie alle Zutaten in eine große Schüssel und vermischen Sie, bis alles vermengt ist.

b) Geben Sie die Mischung mit einem Esslöffel in die Muffinformen und klopfen Sie jeweils den oberen Rand ab. Etwa 15 bis 20 Minuten backen, bis alles durchgekocht und zusammengehalten ist.

43. <u>Vegane Proteinriegel</u>

Zutaten:
- 1/3 Tasse Amaranth.
- 3 Esslöffel Vanille oder geschmacksneutrales veganes Proteinpulver.
- 1 1/2-2 Esslöffel Ahornsirup.
- (Wenn Sie empfindlich auf Nüsse reagieren), 1 Tasse samtig gesalzene Erdnuss- oder Mandelbutter (oder Sonnenbutter).
- 2-3 Esslöffel geschmolzene dunkle vegane Schokolade.

Richtungen:
a) Erdnuss- oder Mandelbutter und Ahornsirup in eine mittelgroße Rührschüssel geben und umrühren. Proteinpulver hinzufügen und umrühren.
b) Fügen Sie nach und nach gepopptes Amaranth hinzu, bis eine lockere „Teig"-Textur entsteht.
c) Geben Sie die Mischung in die Auflaufform und drücken Sie sie fest, sodass eine gleichmäßige Schicht entsteht. Legen Sie Pergamentpapier oder Plastikfolie darauf und drücken Sie die Mischung mit flachen Gegenständen wie einem Flüssigkeitsmessbecher nach unten und füllen Sie sie in eine gleichmäßige, fest gepackte Schicht.
d) In den Gefrierschrank stellen und 10–15 Minuten ruhen lassen oder bis es sich fest anfühlt. Dann herausheben und in 9 Riegel schneiden.
e) Diese werden bei Zimmertemperatur etwas weich, also im Kühlschrank oder Gefrierschrank aufbewahren.

44. PB- und J-Energiebisse

Zutaten:
- 1/2 Tasse samtig gesalzene Erdnussbutter.
- 1/4 Tasse Ahornsirup.
- 2 Esslöffel veganes Proteinpulver.
- 1 1/4 Tasse glutenfreie Haferflocken.
- 2 1/2 Esslöffel Leinsamenmehl.
- 2 Esslöffel Chiasamen.
- 1/4 Tasse Trockenfrüchte.

Richtungen:

a) Geben Sie in eine große Rührschüssel Erdnussbutter, Ahornsirup und Proteinpulver, Haferflocken, Leinsamenmehl, Chiasamen und Trockenfrüchte nach Wahl. Wenn es zu trocken/krümelig ist, fügen Sie mehr Erdnussbutter oder Ahornsirup hinzu.

b) 5 Minuten im Kühlschrank kalt stellen. 1 1/2 Esslöffel davon abschöpfen und zu Kugeln rollen. Der „Teig" muss etwa 13-14 Kugeln ergeben.

c) Sofort genießen und gut verschlossene Reste 1 Woche im Kühlschrank oder etwa 1 Monat im Gefrierschrank aufbewahren.

45. Gerösteter Karotten-Hummus

Zutaten:
- 1 Dose Kichererbsen, abgespült und abgetropft.
- 3 Karotten.
- 1 Knoblauchzehe.
- 1 Teelöffel Paprika.
- 1 beladener Esslöffel Tahini.
- Der Saft von 1 Zitrone
- 2 Esslöffel zusätzliches natives Olivenöl.
- 6 Esslöffel Wasser.
- 1/2 Teelöffel Kreuzkümmelpulver.
- Salz nach Geschmack.

Richtungen:

a)   Heizen Sie den Ofen auf 200 °C vor. Waschen Sie die Karotten, schälen Sie sie, schneiden Sie sie in kleine Stücke und legen Sie sie mit einem Schuss Olivenöl, einer Prise Salz und einem halben Teelöffel Paprika auf ein Backblech. Etwa 35 Minuten backen, bis die Karotte weich ist.

b)   Nehmen Sie sie aus dem Ofen und lassen Sie sie abkühlen.

c)   Während sie abkühlen, bereiten Sie den Hummus vor: Waschen Sie die Kichererbsen, lassen Sie sie gut abtropfen und geben Sie sie mit den restlichen aktiven Zutaten in eine Lebensmittelmühle. Gehen Sie so lange vor, bis Sie eine gut vermischte Mischung erhalten. Dann die Karotten und den Knoblauch dazugeben und den Vorgang noch einmal wiederholen!

46. Gepuffter Quinoa-Riegel

Zutaten:
- 3 Esslöffel Kokosöl.
- 1/2 Tasse rohes Kakaopulver.
- 1/3 Tasse Ahornsirup.
- 1 Esslöffel Tahini
- 1 Teelöffel Zimt.
- 1 Teelöffel Vanillepulver.
- Meersalz.

Richtungen:

a) In einer kleinen Pfanne bei mittlerer bis niedriger Hitze Kokosöl, rohen Kakao, Tahini, Zimt, Ahornsirup, Sirup und Vanillesalz schmelzen, bis eine dickere Schokoladenmischung entsteht.

b) Die Schokoladensauce über die gepoppte Quinoa geben und gut vermischen. Geben Sie einen großen Esslöffel der Schokoladen-Crispies in kleine Backförmchen.

c) Stellen Sie sie zum Aushärten mindestens 20 Minuten lang in den Gefrierschrank. Im Gefrierschrank aufbewahren und genießen!

47. Kekse mit Schokoladenstückchen

Zutaten:
- 2 Tassen glutenfreies Allzweckmehl.
- 1 Teelöffel Backpulver.
- 1 Teelöffel Meersalz.
- 1/4 Tasse veganer Joghurt.
- 7 Esslöffel vegane Butter.
- 3 Esslöffel Cashewbutter
- 1 1/4 Tasse Kokosnusszucker.
- 2 Chia-Eier.
- Dunkler Schokoriegel

Richtungen:

a) Heizen Sie den Ofen auf 375° F vor

b) In einer mittelgroßen Rührschüssel glutenfreies Mehl, Salz und Backpulver vermischen. Beiseite stellen, während die Butter schmilzt.

c) Butter, Joghurt, Cashewbutter und Kokosnusszucker in eine Schüssel geben und mit einem Rührständer oder Handmixer einige Minuten lang mixen, bis alles gut vermischt ist.

d) Die Chia-Eier dazugeben und gut vermischen.

e) Geben Sie das Mehl in die Chia-Ei-Mischung und vermischen Sie alles auf niedriger Stufe, bis alles gut vermengt ist.

f) Die Schokoladenstückchen unterheben.

g) Den Teig für 30 Minuten in den Kühlschrank stellen und fest werden lassen.

h) Nehmen Sie den Teig aus dem Kühlschrank, lassen Sie ihn etwa 10 Minuten lang auf Raumtemperatur kommen und legen Sie ein Backblech mit Backpapier aus.

i) Schaufeln Sie mit den Händen 1 1/2 Esslöffel Keksteig auf das Pergamentpapier. Lassen Sie zwischen jedem Keks etwas Platz.

j) Kekse 9–11 Minuten backen. Erfreut an!

48. Geschälter Edamame-Dip

Zutaten:
- 1/2 Tasse geschnittene rote Zwiebel.
- Saft von 1 Limette.
- Meersalz.
- Eine Handvoll Koriander.
- Gewürfelte Tomaten (optional).
- Chili-Flocken.

Richtungen:

a) Zerstoßen Sie die Zwiebel einfach ein paar Sekunden lang in einem Mixer. Anschließend die restlichen aktiven Zutaten hinzufügen und mixen, bis das Edamame zu großen Portionen vermischt ist.

b) Genießen Sie es als Brotaufstrich, für ein Sandwich, als Dip oder als Pesto-Sauce!

49. Matcha-Cashew-Becher

Zutaten:
- 2/3 Tasse Kakaobutter.
- 3/4 Tasse Kakaopulver.
- 1/3 Tasse Ahornsirup.
- 1/2 Tasse Cashewbutter oder was auch immer Sie möchten.
- 2 Teelöffel Matcha-Pulver.
- Meersalz.

Richtungen:

a) Füllen Sie einen kleinen Topf mit 1/3 Tasse Wasser, stellen Sie eine Schüssel darauf und bedecken Sie den Topf. Sobald die Schüssel heiß ist, schmelzen Sie die Kakaobutter darin. Sobald die Schokolade geschmolzen ist, vom Herd nehmen und einige Minuten lang Ahornsirup und Kakaopulver unterrühren, bis die Schokolade eindickt.

b) Füllen Sie die untere Schicht mit einem mittelgroßen Cupcake-Halter mit einem großzügigen Esslöffel der Schokoladenmischung.

c) Zum Festwerden 15 Minuten einfrieren.

d) Nehmen Sie die gefrorene Schokolade aus dem Gefrierschrank und geben Sie einen Esslöffel Matcha-Cashewbutter-Teig auf die gefrorene Schokoladenschicht.

e) Mit Meersalz bestreuen und 15 Minuten im Gefrierschrank ruhen lassen.

50. Kichererbsen-Schokoladenscheiben

Zutaten:
- 400 g Dose Kichererbsen, abgespült, abgetropft.
- 250 g Mandelbutter.
- 70 ml Ahornsirup.
- 15 ml Vanillepaste.
- 1 Prise Salz.
- 2 g Backpulver.
- 2 g Backpulver.
- 40 g vegane Schokoladenstückchen.

Richtungen:
a) Backofen auf 180° C/350° F vorheizen.
b) Große Backform mit Kokosöl einfetten.
c) Kichererbsen, Mandelbutter, Ahornsirup, Vanille, Salz, Backpulver und Natron in einem Mixer vermischen.
d) Alles glatt rühren. Die Hälfte der Schokoladenstückchen unterrühren und den Teig in der vorbereiteten Backform verteilen.
e) Mit reservierten Schokoladenstückchen bestreuen.
f) 45–50 Minuten backen oder bis ein hineingesteckter Zahnstocher sauber herauskommt.
g) Auf einem Kuchengitter 20 Minuten abkühlen lassen. In Scheiben schneiden und servieren.

51. Süße grüne Kekse

Zutaten:
- 165 g grüne Erbsen.
- 80 g gehackte Medjool-Datteln.
- 60 g Seidentofu, püriert.
- 100 g Mandelmehl.
- 1 Teelöffel Backpulver.
- 12 Mandeln.

Richtungen:
a) Backofen auf 180° C/350° F vorheizen.
b) Erbsen und Datteln in einer Küchenmaschine vermengen.
c) Verarbeiten, bis eine dicke Paste entsteht.
d) Die Erbsenmischung in eine Schüssel geben. Tofu, Mandelmehl und Backpulver unterrühren. Aus der Masse 12 Kugeln formen.
e) Ordnen Sie die Kugeln auf einem mit Backpapier ausgelegten Backblech an. Jede Kugel mit der geölten Handfläche flach drücken.
f) In jeden Keks eine Mandel stecken. Backen Sie die Kekse 25–30 Minuten lang oder bis sie leicht goldbraun sind.
g) Vor dem Servieren auf einem Kuchengitter abkühlen lassen.

52. **Bananenriegel**

Zutaten:
- 130 g glatte Erdnussbutter.
- 60 ml Ahornsirup.
- 1 Banane, zerdrückt.
- 45 ml Wasser.
- 15 g gemahlene Leinsamen.
- 95 g gekochte Quinoa.
- 25 g Chiasamen.
- 5 ml Vanille.
- 90 g schnell kochende Haferflocken.
- 55 g Vollkornmehl.
- 5 g Backpulver.
- 5 g Zimt.
- 1 Prise Salz.

Belag:
- 5 ml geschmolzenes Kokosöl.
- 30 g vegane Schokolade, gehackt.

Richtungen:

a) Backofen auf 180° C/350° F vorheizen.

b) Eine 16 cm große Auflaufform mit Backpapier auslegen.

c) Leinsamen und Wasser in einer kleinen Schüssel vermischen. 10 Minuten beiseite stellen.

d) In einer separaten Schüssel Erdnussbutter, Ahornsirup und Banane vermischen. Die Leinsamenmischung unterheben.

e) Sobald eine glatte Mischung entstanden ist, Quinoa, Chiasamen, Vanilleextrakt, Haferflocken, Vollkornmehl, Backpulver, Zimt und Salz hinzufügen.

f) Den Teig in die vorbereitete Auflaufform füllen. In 8 Riegel schneiden.

g) Die Riegel 30 Minuten backen.

h) In der Zwischenzeit den Belag zubereiten; Kombinieren Sie Schokolade und Kokosöl in einer hitzebeständigen Schüssel. Über kochendes Wasser stellen, bis es geschmolzen ist.

i) Die Riegel aus dem Ofen nehmen. Zum Abkühlen 15 Minuten auf ein Kuchengitter legen. Die Riegel aus der Auflaufform nehmen und mit Schokoladenüberzug beträufeln. Aufschlag.

53. Protein-Donuts

Zutaten:
- 85 g Kokosmehl.
- 110 g gekeimtes braunes Reisproteinpulver mit Vanillegeschmack.
- 25 g Mandelmehl.
- 50 g Ahornzucker.
- 30 ml geschmolzenes Kokosöl.
- 8 g Backpulver.
- 115 ml Sojamilch.
- 1/2 Teelöffel Apfelessig.
- 1/2 Teelöffel Vanillepaste.
- 1/2 Teelöffel Zimt.
- 30 ml Bio-Apfelmus.
- 30 g Kokosblütenzucker.
- 10 g Zimt.

Richtungen:
a) In einer Schüssel alle trockenen Zutaten vermischen.
b) In einer separaten Schüssel die Milch mit Apfelmus, Kokosöl und Apfelessig verquirlen.
c) Die feuchten Zutaten unter die trockenen Zutaten heben und verrühren, bis alles gut vermischt ist.
d) Den Ofen auf 180 °C/350 °F vorheizen und die 10-Loch-Donutform einfetten.
e) Den vorbereiteten Teig in eine gefettete Donutform geben.
f) Die Donuts 15–20 Minuten backen.
g) Während die Donuts noch warm sind, mit Kokosblütenzucker und Zimt bestreuen. Warm servieren.

54. Plätzchenmandelbällchen

Zutaten:
- 100 g Mandelmehl.
- 60 g Reisproteinpulver mit Vanillegeschmack.
- 80 g Mandelbutter oder eine beliebige Nussbutter.
- 10 Tropfen Stevia.
- 15 ml Kokosöl.
- 15 g Kokoscreme.
- 40 g vegane Schokoladenstückchen.

Richtungen:

a) Mandelmehl und Proteinpulver in einer großen Schüssel vermischen.

b) Mandelbutter, Stevia, Kokosöl und Kokoscreme unterheben.

c) Wenn die Mischung zu krümelig ist, etwas Wasser hinzufügen. Gehackte Schokolade unterheben und verrühren, bis alles gut vermischt ist.

d) Aus der Masse 16 Kugeln formen.

e) Sie können die Kugeln zusätzlich in Mandelmehl wälzen.

55. **Honig-Sesam-Tofu**

Zutaten:
- 12 Unzen extrafester Tofu, abgetropft und trocken getupft.
- Öl oder Kochspray.
- 2 Esslöffel natriumarme Sojasauce oder Tamari.
- 3 Knoblauchzehen, gehackt.
- 1 Esslöffel Honig.
- 1 Esslöffel geriebener, geschälter frischer Ingwer.
- 1 Teelöffel geröstetes Sesamöl.
- 1 Pfund grüne Bohnen, geputzt.
- 2 Esslöffel Olivenöl.
- 1/4 Teelöffel rote Paprikaflocken (optional).
- Koscheres Salz.
- Frisch gemahlener schwarzer Pfeffer.
- 1 mittelgroße Frühlingszwiebel, sehr fein geschnitten.
- 1/4 Teelöffel Sesamkörner.

Richtungen:

a) 10 bis 30 Minuten ruhen lassen. Sojasauce oder Tamari, Knoblauch, Honig, Ingwer und Sesamöl in einer großen Schüssel verquirlen; beiseite legen.

b) Schneiden Sie den Tofu in Dreiecke und legen Sie ihn in einer einzigen Schicht auf eine Hälfte des vorbereiteten Backblechs. Mit der Sojasaucenmischung beträufeln. 12 bis 13 Minuten backen, bis die Unterseite goldbraun ist.

c) Den Tofu wenden. Legen Sie die grünen Bohnen in einer einzigen Schicht auf die andere Hälfte des Backblechs. Mit Olivenöl beträufeln und mit den roten Paprikaflocken bestreuen. mit Salz und Pfeffer würzen.

d) Zurück in den Ofen und weitere 10 bis 12 Minuten backen, bis der Tofu auf der zweiten Seite goldbraun ist. Mit Frühlingszwiebeln und Sesamkörnern bestreuen und sofort servieren.

56. Erdnussbutter-Fettbomben

Ergibt 8

Zutaten
- 1/2 Tasse Kokosöl
- 1/4 Tasse Kakaopulver
- 2 Esslöffel Erdnussbutterpulver
- 2 Esslöffel geschälte Hanfsamen
- 2 Esslöffel vegane Sahne
- 1 Teelöffel Vanilleextrakt
- 28 Tropfen flüssiges Stevia
- 1/4 Tasse ungesüßte Kokosraspeln

Richtungen

a)   Alle trockenen Zutaten mit dem Kokosöl in einer Rührschüssel vermischen.

b)   Sahne, Vanilleextrakt und flüssiges Stevia untermischen.

c)   Auf einem Teller ungesüßte, zerkleinerte Kokosnuss abmessen.

d)   Rollen Sie die Kugeln mit den Händen aus und wälzen Sie sie dann in ungesüßten Kokosraspeln.

e)   Auf ein mit Backpapier ausgelegtes Backblech legen. Etwa 15 Minuten im Gefrierschrank ruhen lassen.

57. Ahorn-Pekannuss-Fat-Bomb-Riegel

Ergibt 12

Zutaten
- 2 Tassen Pekannusshälften
- 1 Tasse Mandelmehl
- 1/2 Tasse Goldenes Leinsamenmehl
- 1/2 Tasse ungesüßte Kokosraspeln
- 1/2 Tasse Kokosöl
- 1/4 Tasse Ahornsirup
- 1/4 Teelöffel flüssiges Stevia

Richtungen

a) Heizen Sie den Ofen auf 350 °F vor und backen Sie die Pelikanhälften 5 Minuten lang.

b) Nehmen Sie die Pekannüsse aus dem Ofen und legen Sie sie in eine Plastiktüte. Zerdrücke sie mit einem Nudelholz, sodass Stücke entstehen.

c) Kombinieren Sie in einer Rührschüssel die trockenen Zutaten: Mandelmehl, goldenes Leinsamenmehl, Kokosraspeln und die zerstoßenen Pekannüsse.

d) Fügen Sie den Kokosöl-Ahornsirup und flüssiges Stevia hinzu. Alle Zutaten in einer großen Rührschüssel vermischen, bis ein krümeliger Teig entsteht.

e) Den Teig in eine Auflaufform geben und andrücken.

f) 15 Minuten bei 350 °F backen oder bis die Seiten leicht gebräunt sind.

g) Mit einem Spatel in 12 Scheiben schneiden und servieren.

58. **Blumenkohl-Vorspeisen**

Ergibt 8

Zutaten
- 14 Unzen. Blumenkohlröschen, gehackt
- 3 mittelgroße Frühlingszwiebeln
- 3 Unzen. Geschredderter weißer Cheddar
- 1/2 Tasse Mandelmehl
- 1/2 Teelöffel Salz
- 3/4 Teelöffel Pfeffer
- 1/2 Teelöffel rote Pfefferflocken
- 1/2 Teelöffel Estragon, getrocknet
- 1/4 Teelöffel Knoblauchpulver
- 3 Esslöffel Olivenöl
- 2 Teelöffel Chia-Samen

Richtungen

a) Heizen Sie den Ofen auf 400 Grad Fahrenheit vor.

b) In einer Plastiktüte Blumenkohlröschen, Olivenöl, Salz und Pfeffer vermischen. Kräftig schütteln, bis der Blumenkohl gleichmäßig bedeckt ist.

c) Blumenkohlröschen auf ein mit Alufolie ausgelegtes Backblech gießen. Danach 5 Minuten backen.

d) Den gerösteten Blumenkohl in eine Küchenmaschine geben und ein paar Mal zerkleinern.

e) In einer Rührschüssel alle Zutaten (Mandelmehl) vermischen, bis eine klebrige Masse entsteht.

f) Aus der Blumenkohlmischung Pastetchen formen und mit Mandelmehl bestreichen.

g) 15 Minuten lang bei 200 °C backen, oder bis die Außenseite knuspriger ist.

h) Aus dem Ofen nehmen, vor dem Servieren etwas abkühlen lassen!

59. **Seitan-Pizzabecher**

Macht 2

Zutaten
- 1 Unze. Vollfett-Frischkäse
- 1 1/2 Tassen Vollmilch-Mozzarella-Käse
- 1 großes Ei, geschlagen
- 1 Tasse Mandelmehl
- 2 Esslöffel Kokosmehl
- 1/3 Tasse Pizzasauce
- 1/3 Tasse geriebener Cheddar-Käse
- 1/2 Packung Seitan oder etwa 110 g, gewürfelt

Richtungen

a) Heizen Sie den Ofen auf 400 °F vor.

b) Frischkäse und Mozzarella in einer großen mikrowellengeeigneten Schüssel vermischen und 1 Minute lang in der Mikrowelle erhitzen, dabei mehrmals umrühren.

c) Das geschlagene Ei und beide Mehle dazugeben und schnell verrühren, bis eine Kugel entsteht. Von Hand kneten, bis es leicht klebrig ist.

d) Den Teig in 8 Stücke teilen. Legen Sie ein Stück zwischen zwei Blätter gefettetes Backpapier und rollen Sie es mit einem Nudelholz aus.

e) Jedes Teigstück in gefettete Muffinformen drücken, sodass kleine Teigförmchen entstehen.

f) 15 Minuten backen oder bis es goldbraun ist.

g) Aus dem Ofen nehmen und jeweils mit Pizzasauce, Cheddar und Seitan bestreuen. Für fünf Minuten in den Ofen zurückstellen, bis der Käse schmilzt.

h) Aus den Muffinformen nehmen und servieren.

60. Gegrillte Seitan- und Gemüsespiesse

Ergibt 4 Portionen

Zutaten
- 1/3 Tasse Balsamico-Essig
- 2 Esslöffel Olivenöl
- 1 Esslöffel frischer Oregano
- 2 Knoblauchzehen, gehackt
- 1/2 Teelöffel Salz
- 1/4 Teelöffel frisch gemahlener schwarzer Pfeffer
- 1 Pfund Seitan, in 1-Zoll-Würfel geschnitten
- 7 Unzen kleine weiße Pilze
- 2 kleine Zucchini, in 2,5 cm große Stücke geschnitten
- 1 mittelgroße gelbe Paprika, in Quadrate geschnitten
- Reife Kirschtomaten

Richtung

a) Bereiten Sie den Grill vor.

b) Essig, Öl, Oregano, Thymian, Knoblauch, Salz und schwarzen Pfeffer in einer mittelgroßen Rührschüssel vermischen. Wenden, um Seitan, Pilze, Zucchini, Paprika und Tomaten damit zu bestreichen.

c) 30 Minuten bei Zimmertemperatur marinieren, dabei gelegentlich wenden.

d) Den Seitan und das Gemüse sowie die Marinade abgießen und beiseite stellen.

e) Die Spieße mit Seitan, Pilzen und Tomaten zusammensetzen.

f) Die Spieße auf einen heißen Grill legen und etwa 10 Minuten garen, dabei nach der Hälfte der Grillzeit einmal wenden.

g) Eine kleine Menge der beiseite gestellten Marinade darüber träufeln und sofort servieren.

61. Quinoa-Muffin-Häppchen

Ergibt 4

Zutaten:
- 1 1/2 Tassen zubereitetes Quinoa
- 2 Eier, verquirlt
- 1/2 Tasse Süßkartoffelpüree
- 1/2 Tasse schwarze Bohnen
- 1 Esslöffel gehackter Koriander
- 1 Teelöffel Kreuzkümmel
- 1 Teelöffel Paprika
- 1/2 Teelöffel Knoblauchpulver
- 1/2 Teelöffel Salz
- 1/8 Teelöffel schwarzer Pfeffer
- Kochspray

Richtungen:
a) Heizen Sie den Ofen auf 350 Grad Fahrenheit vor.
b) In einer großen Rührschüssel alle Zutaten vermischen und gut verrühren.
c) Geben Sie die Mischung mit einem Esslöffel in die Muffinformen und klopfen Sie jeweils den oberen Rand ab.
d) 15–20 Minuten backen oder bis alles gar und fest ist.

62. PB- und J-Energiebisse

Ergibt 13-14 Kugeln

Zutaten:
- 1/2 Tasse samtig gesalzene Erdnussbutter
- 1/4 Tasse Ahornsirup
- 2 Esslöffel veganes Proteinpulver
- 1 1/4 Tasse glutenfreie Haferflocken
- 2 1/2 Esslöffel Leinsamenmehl
- 2 Esslöffel Chiasamen
- 1/4 Tasse Trockenfrüchte

Richtungen:

a) Erdnussbutter, Ahornsirup, Proteinpulver, Haferflocken, Leinsamenmehl, Chiasamen und Trockenfrüchte Ihrer Wahl in einer großen Rührschüssel vermischen.

b) Wenn die Mischung zu trocken oder bröckelig ist, fügen Sie zusätzliche Erdnussbutter oder Ahornsirup hinzu.

c) 5 Minuten im Kühlschrank kalt stellen. Nehmen Sie 1 1/2 Esslöffel ab und rollen Sie ihn zu Kugeln. Der „Teig" sollte etwa 13–14 Kugeln ergeben.

d) Genießen Sie es sofort und bewahren Sie Reste in einem luftdichten Behälter bis zu einer Woche im Kühlschrank oder bis zu einem Monat im Gefrierschrank auf.

63. Gerösteter Karotten-Hummus

Macht 2

Zutaten:
- 1 Dose Kichererbsen, abgespült und abgetropft
- 3 Karotten
- 1 Knoblauchzehe
- 1 Teelöffel Paprika
- 1 beladener Esslöffel Tahini
- Der Saft von 1 Zitrone
- 2 Esslöffel zusätzliches natives Olivenöl
- 6 Esslöffel Wasser
- 1/2 Teelöffel Kreuzkümmelpulver
- Salz nach Geschmack

Richtungen:

a) Heizen Sie den Ofen auf 400 Grad Fahrenheit vor.

b) Die Karotten waschen und schälen, dann in kleine Stücke schneiden und mit Olivenöl, etwas Salz und einem halben Teelöffel Paprika auf eine Auflaufform legen.

c) 35 Minuten backen oder bis die Karotten weich sind.

d) Nehmen Sie sie aus dem Ofen und legen Sie sie zum Abkühlen beiseite.

e) Bereiten Sie den Hummus zu, während er abkühlt: Waschen Sie die Kichererbsen und lassen Sie sie gründlich abtropfen, bevor Sie sie mit den restlichen Wirkstoffen in eine Lebensmittelmühle geben. Verarbeiten, bis eine gut vermischte Mischung entsteht.

f) Danach die Karotten und den Knoblauch dazugeben und den Vorgang wiederholen!

64. Matcha-Cashew-Becher

Macht 6

Zutaten:
- 2/3 Tasse Kakaobutter, geschmolzen
- 3/4 Tasse Kakaopulver
- 1/3 Tasse Ahornsirup
- 1/2 Tasse Cashewbutter
- 2 Teelöffel Matcha-Pulver
- Meersalz

Richtungen:

a) In einer Rührschüssel die Kakaobutter schmelzen und Ahornsirup und Kakaopulver unterrühren.

b) In einen mittelgroßen Cupcake-Halter einen guten Esslöffel der Schokoladenmischung in die untere Schicht geben.

c) Legen Sie die Cupcake-Halter für 15 Minuten in den Gefrierschrank, damit sie fest werden.

d) Nehmen Sie die gefrorene Schokoladenschicht aus dem Gefrierschrank und geben Sie 1 Löffel Matcha-Cashewbutter-Teig darauf.

e) Sobald dies erledigt ist, gießen Sie die restliche geschmolzene Schokolade über jeden Klecks und bedecken Sie alles.

f) Mit Meersalz bestreuen.

g) Für 15 Minuten in den Gefrierschrank stellen.

65. Honig-Sesam-Tofu

Ergibt 12

Zutaten:
- 12 Unzen fester Tofu, abgetropft und trocken getupft
- Öl oder Kochspray
- 2 Esslöffel natriumarme Sojasauce
- 3 Knoblauchzehen, gehackt
- 1 Esslöffel Honig
- 1 Esslöffel geriebener, geschälter frischer Ingwer
- 1 Teelöffel geröstetes Sesamöl
- 1 Pfund grüne Bohnen, geputzt
- 2 Esslöffel Olivenöl
- 1/4 Teelöffel rote Paprikaflocken (optional)
- Koscheres Salz
- Frisch gemahlener schwarzer Pfeffer
- 1 mittelgroße Frühlingszwiebel, sehr fein geschnitten
- 1/4 Teelöffel Sesamkörner

Richtungen:

a) In einer großen Rührschüssel Sojasauce, Knoblauch, Honig, Ingwer und Sesamöl vermischen. zur Seite legen.

b) Den Tofu in Dreiecke schneiden und in einer einzigen Schicht auf einer Seite des vorbereiteten Backblechs verteilen.

c) Die Sojasaucenmischung darüber träufeln.

d) 12 bis 13 Minuten backen oder bis die Unterseite goldbraun ist.

e) Bewegen Sie den Tofu herum.

f) Auf der anderen Hälfte des Backblechs die grünen Bohnen in einer einzigen Schicht anrichten. Mit Salz und Pfeffer würzen, mit Olivenöl beträufeln und mit roten Pfefferflocken bestreuen.

g) Zurück in den Ofen und weitere 10 bis 12 Minuten backen, oder bis der Tofu auf der zweiten Seite goldbraun ist.

h) Sofort mit einer Prise Frühlingszwiebeln und Sesamkörnern servieren.

HAUPTKURS

66. Shiitake-Käse-Burger-Auflauf

Ergibt 6 Portionen

Zutaten
- 1 Pfund. Gemahlener Seitan
- 4 Unzen. Shiitake-Pilze, in Scheiben geschnitten
- 1/2 Tasse Mandelmehl
- 3 Tassen gehackter Blumenkohl
- 1 Esslöffel Chiasamen
- 1/2 Teelöffel Knoblauchpulver
- 1/2 Teelöffel Zwiebelpulver
- 2 Esslöffel reduzierter Zucker
- Ketchup
- 1 Esslöffel Dijon-Senf
- 2 Esslöffel Mayonnaise
- 4 Unzen. Cheddar-Käse
- Salz und Pfeffer nach Geschmack

Richtungen
a) Heizen Sie den Ofen auf 350 Grad Fahrenheit vor.
b) In einer großen Rührschüssel alle Zutaten und die Hälfte des Cheddar-Käses vermischen.
c) Gießen Sie die Mischung in eine mit Backpapier ausgelegte 9x9-Backform. Anschließend die restliche Hälfte des Cheddar-Käses darüber streuen.
d) 20 Minuten auf der oberen Schiene backen.
e) Nach dem Schneiden mit weiteren Belägen servieren.

67. Gebackener Jambalaya-Auflauf

Ergibt 4 Portionen

Zutaten
- 10 Unzen Tempeh
- 2 Esslöffel Olivenöl
- 1 mittelgroße gelbe Zwiebel, gehackt
- 1 mittelgroße grüne Paprika, gehackt
- 2 Knoblauchzehen, gehackt
- 1 (28 Unzen) Dose gewürfelte Tomaten, nicht abgetropft
- 1/2 Tasse weißer Reis
- 1 1/2 Tassen Gemüsebrühe
- 1 1/2 Tassen gekocht oder 1 (15,5 Unzen) Dose dunkelrote Kidneybohnen, abgetropft und abgespült
- 1 Esslöffel gehackte frische Petersilie
- 1 1/2 Teelöffel Cajun-Gewürz
- 1 Teelöffel getrockneter Thymian
- 1/2 Teelöffel Salz
- 1/4 Teelöffel frisch gemahlener schwarzer Pfeffer

Richtungen

a) Heizen Sie den Ofen auf 350 Grad Fahrenheit vor.

b) Kochen Sie das Tempeh 30 Minuten lang in einem mittelgroßen Topf mit kochendem Wasser. Lassen Sie das Wasser ab und tupfen Sie es trocken. In 1/2-Zoll-Würfel schneiden.

c) 1 Esslöffel Öl in einer großen Pfanne bei mittlerer Hitze erhitzen. Tempeh 8 Minuten lang kochen, oder bis das Tempeh auf beiden Seiten gebräunt ist. Legen Sie den Tempeh zum Abkühlen in eine 9 x 13 Zoll große Auflaufform.

d) Den restlichen 1 Esslöffel Öl in derselben Pfanne bei mittlerer Hitze erhitzen. Zwiebel, Paprika und Knoblauch in einer Rührschüssel vermischen. Zugedeckt etwa 7 Minuten garen, bis das Gemüse weich ist.

e) Die Gemüsemischung mit dem Tempeh in die Auflaufform geben.

f) Tomaten, Flüssigkeit, Reis, Brühe, Kidneybohnen, Petersilie, Cajun-Gewürz, Thymian, Salz und schwarzen Pfeffer hinzufügen. Gründlich vermischen, dann gut abdecken und 1 Stunde lang backen, oder bis der Reis weich ist. Sofort servieren.

68. Mit Auberginen und Tempeh gefüllte Nudeln

Ergibt 4 Portionen

Zutaten

- 8 Unzen Tempeh
- 1 mittelgroße Aubergine
- 12 große Nudelschalen
- 1 Knoblauchzehe, zerdrückt
- 1/4 Teelöffel gemahlener Cayennepfeffer
- Salz und frisch gemahlener schwarzer Pfeffer
- Ungewürzte Semmelbrösel trocknen
- 3 Tassen Marinara-Sauce

Richtungen

a) Heizen Sie den Ofen auf 450 Grad Fahrenheit vor.

b) Kochen Sie das Tempeh 30 Minuten lang in einem mittelgroßen Topf mit kochendem Wasser. Lassen Sie das Wasser ab und stellen Sie es zum Abkühlen beiseite.

c) Stechen Sie die Aubergine mit einer Gabel ein und backen Sie sie etwa 45 Minuten lang auf einer leicht gefetteten Backform, bis sie weich ist.

d) Die Nudelschalen in einem Topf mit kochendem Salzwasser ca. 7 Minuten al dente kochen, während die Aubergine röstet. Lassen Sie das Wasser ab und spülen Sie es unter kaltem Wasser ab.

e) Nehmen Sie die Aubergine aus dem Ofen, schneiden Sie sie der Länge nach in zwei Hälften und lassen Sie die Flüssigkeit abtropfen.

f) Reduzieren Sie die Ofentemperatur auf 350 Grad Fahrenheit.

g) Verarbeiten Sie den Knoblauch in einer Küchenmaschine, bis er fein zerkleinert ist. Das Tempeh unterrühren, bis es grob gemahlen ist.

h) Kratzen Sie das Auberginenmark von der Schale und vermischen Sie es mit Tempeh und Knoblauch in einer Küchenmaschine. Den Cayennepfeffer dazugeben, mit Salz und Pfeffer abschmecken und pürieren. Fügen Sie etwas Semmelbrösel hinzu, falls die Füllung zu locker ist.

i) Den Boden der vorbereiteten Auflaufform mit einer Schicht Tomatensauce bestreichen. Füllen Sie die Schalen mit der Füllung, bis sie vollständig gefüllt sind.

j) Gießen Sie die restliche Soße über und um die Schalen herum und legen Sie sie dann auf die Soße.

k) Mit Folie abdecken und 30 Minuten backen.

a) Aufdecken, mit Parmesan bestreuen und weitere 10 Minuten backen. Sofort servieren.

69. Tofu mit Bohnensauce und Nudeln

Ergibt 4

Zutaten
- 8 Unzen frische Nudeln nach Peking-Art
- 1 12-Unzen-Block fester Tofu
- 3 große Stangen Pak Choi UND 2 Frühlingszwiebeln
- ⅓ Tasse dunkle Sojasauce
- 2 Esslöffel schwarze Bohnensauce
- 2 Teelöffel chinesischer Reiswein oder trockener Sherry
- 2 Teelöffel schwarzer Reisessig
- ¼ Teelöffel Salz
- ¼ Teelöffel Chilipaste mit Knoblauch
- 1 Teelöffel scharfes Chiliöl
- ¼ Teelöffel Sesamöl
- ½ Tasse Wasser
- 2 Esslöffel Öl zum Braten
- 2 Scheiben Ingwer, gehackt
- 2 Knoblauchzehen, gehackt
- ¼ einer roten Zwiebel, gehackt

Richtungen

a) Die Nudeln zum Kochen bringen und kochen, bis sie weich sind. Lassen Sie das Wasser vollständig ab. Den Tofu in Würfel schneiden.

b) Kochen Sie den Pak Choi vor, indem Sie ihn einige Sekunden lang in kochendes Wasser tauchen und dann vollständig abtropfen lassen.

c) Dunkle Sojasauce, schwarze Bohnensauce, Konjac-Reiswein, schwarzen Reisessig, Salz, Chilipaste mit Knoblauch, scharfes Chiliöl, Sesamöl und Wasser in einer großen Rührschüssel vermischen.

d) Erhitzen Sie das Öl in einem vorgeheizten Wok oder einer Pfanne. Ingwer, Knoblauch und Frühlingszwiebeln in das erhitzte Öl geben. Einige Minuten unter Rühren braten, bis es duftet. Die rote Zwiebel dazugeben und kurz anbraten. An den Rand schieben und die Pak-Choi-Stängel hinzufügen.

e) Die Blätter unterrühren, bis der Pak Choi leuchtend grün und die Zwiebel weich ist.

f) Die Soße in der Mitte der Pfanne zum Kochen bringen. Den Tofu unterheben. Lassen Sie den Tofu die Soße aufnehmen, indem Sie ihn einige Minuten köcheln lassen. Die Nudeln unterheben.
g) Alles vermischen und sofort servieren.

70. Tofu nach Cajun-Art

Ergibt 4 Portionen

Zutaten
- 1 Pfund extrafester Tofu, abgetropft und trocken getupft
- Salz
- 1 Esslöffel plus 1 Teelöffel Cajun-Gewürz
- 2 Esslöffel Olivenöl
- ¼ Tasse gehackte grüne Paprika
- 1 Esslöffel gehackter Sellerie
- 2 Esslöffel gehackte Frühlingszwiebeln
- 2 Knoblauchzehen, gehackt
- 1 (14,5 Unzen) Dose gewürfelte Tomaten, abgetropft
- 1 Esslöffel Sojasauce
- 1 Esslöffel gehackte frische Petersilie

Richtungen
a) Schneiden Sie den Tofu in 1/2 Zoll dicke Scheiben und würzen Sie ihn mit Salz und 1 Esslöffel Cajun-Gewürz auf jeder Seite.

b) 1 Esslöffel Öl in einem kleinen Topf bei mittlerer Hitze erhitzen. Sellerie und Paprika hinzufügen.

c) 5 Minuten kochen lassen.

d) Tomaten, Sojasauce, Petersilie und den restlichen 1 Teelöffel Cajun-Gewürzmischung sowie Salz und Pfeffer nach Geschmack hinzufügen. Nach 10 Minuten Köcheln beiseite stellen.

e) Den restlichen 1 Esslöffel Öl in einer großen Pfanne bei mittlerer bis hoher Hitze erhitzen. Kochen Sie den Tofu 10 Minuten lang oder bis der Tofu auf beiden Seiten gebräunt ist. Nach Zugabe der Soße 5 Minuten kochen lassen.

f) Sofort servieren

71. <u>**Vegane Tofu-Lasagne**</u>

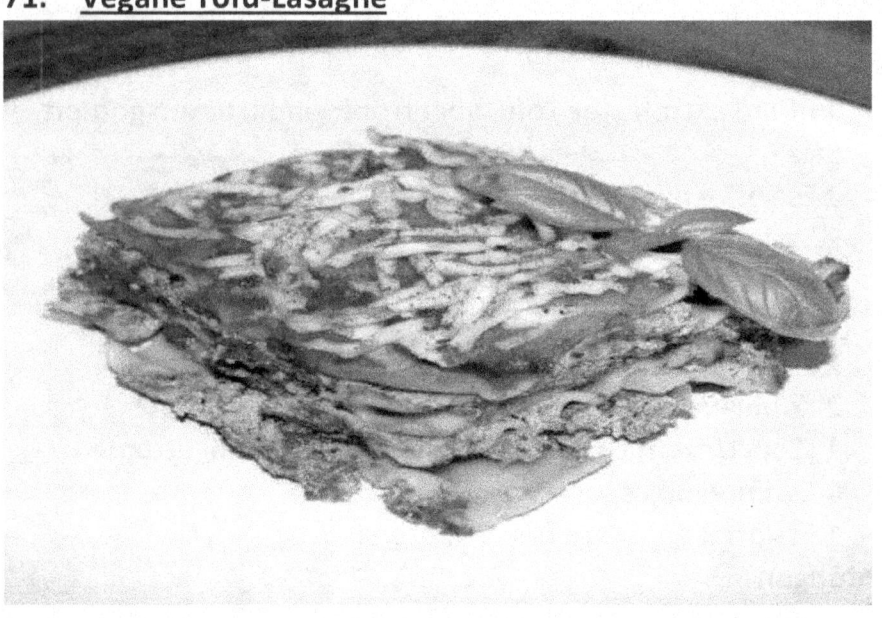

Ergibt 6 Portionen

Zutaten
- 12 Unzen Lasagne-Nudeln
- 1 Pfund fester Tofu, abgetropft und zerbröselt
- 1 Pfund weicher Tofu, abgetropft und zerbröckelt
- 2 Esslöffel Nährhefe
- 1 Teelöffel frischer Zitronensaft
- 1 Teelöffel Salz
- 1/4 Teelöffel frisch gemahlener schwarzer Pfeffer
- 3 Esslöffel gehackte frische Petersilie
- 1/2 Tasse veganer Parmesan oder Parmasio
- 4 Tassen Marinara-Sauce

Richtungen
a) Heizen Sie den Ofen auf 350 °F vor.
b) In einem Topf mit kochendem Salzwasser die Nudeln bei mittlerer bis hoher Hitze kochen, dabei gelegentlich umrühren, bis sie gerade al dente sind, etwa 7 Minuten.
c) In einer großen Schüssel den festen und den weichen Tofu vermengen. Nährhefe, Zitronensaft, Salz, Pfeffer, Petersilie und 1/4 Tasse Parmesan hinzufügen. Mischen, bis alles gut vermischt ist.
d) Eine Schicht Tomatensauce auf den Boden einer 9 x 13 Zoll großen Auflaufform geben. Mit einer Schicht gekochter Nudeln belegen.
e) Die Hälfte der Tofu-Mischung gleichmäßig auf den Nudeln verteilen. Wiederholen Sie den Vorgang mit einer weiteren Schicht Nudeln, gefolgt von einer Schicht Soße.
f) Die restliche Tofu-Mischung auf der Soße verteilen und mit einer letzten Schicht Nudeln und Soße abschließen. Mit der restlichen 1/4 Tasse Parmesan bestreuen. Wenn noch Soße übrig ist, bewahren Sie diese auf und servieren Sie sie heiß in einer Schüssel neben der Lasagne.
g) Mit Folie abdecken und 45 Minuten backen. Deckel abnehmen und 10 Minuten länger backen.
a) Vor dem Servieren 10 Minuten ruhen lassen.

72. Kürbisravioli mit Erbsen

Ergibt 4 Portionen

Zutaten
- 1 Tasse Kürbispüree aus der Dose
- 1/2 Tasse extrafester Tofu, zerbröckelt
- 2 Esslöffel gehackte frische Petersilie
- Eine Prise gemahlene Muskatnuss
- Salz und frisch gemahlener schwarzer Pfeffer
- 1<u>Eierfreier Nudelteig</u>
- 2 oder 3 mittelgroße Schalotten, in Scheiben geschnitten
- 1 Tasse gefrorene Babyerbsen, aufgetaut

Richtungen
a) Tupfen Sie überschüssige Flüssigkeit mit einem Papiertuch vom Kürbis und vom Tofu ab und vermengen Sie sie dann in einer Küchenmaschine mit der Nährhefe, Petersilie, Muskatnuss sowie Salz und Pfeffer nach Geschmack. Beiseite legen.
b) Für die Ravioli den Nudelteig auf einer leicht bemehlten Fläche dünn ausrollen. Den Teig einschneiden
c) 2 Zoll breite Streifen. Geben Sie 1 gehäuften Teelöffel Füllung auf einen Nudelstreifen, etwa 2,5 cm von der Oberseite entfernt.
d) Geben Sie einen weiteren Teelöffel Füllung auf den Nudelstreifen, etwa einen Zentimeter unter dem ersten Löffel Füllung.
e) Den Vorgang über die gesamte Länge des Teigstreifens wiederholen. Befeuchten Sie die Teigränder leicht mit Wasser und legen Sie einen zweiten Nudelstreifen auf den ersten, so dass die Füllung bedeckt ist.
f) Drücken Sie die beiden Teigschichten zwischen den Füllungsportionen zusammen. Schneiden Sie die Seiten des Teigs mit einem Messer ab, um ihn gerade zu machen, und schneiden Sie dann den Teig zwischen den einzelnen Füllungshügeln durch, um quadratische Ravioli zu erhalten.
g) Achten Sie darauf, die Lufteinschlüsse rund um die Füllung herauszudrücken, bevor Sie sie verschließen. Drücken Sie mit den

Zinken einer Gabel an den Teigrändern entlang, um die Ravioli zu verschließen.

h) Die Ravioli auf einen bemehlten Teller geben und mit dem restlichen Teig und der Soße wiederholen. Beiseite legen.

i) In einer großen Pfanne das Öl bei mittlerer Hitze erhitzen. Fügen Sie die Schalotten hinzu und kochen Sie sie unter gelegentlichem Rühren etwa 15 Minuten lang, bis die Schalotten tief goldbraun, aber nicht verbrannt sind. Die Erbsen unterrühren und mit Salz und Pfeffer abschmecken. Bei sehr schwacher Hitze warm halten.

j) In einem großen Topf mit kochendem Salzwasser die Ravioli etwa 5 Minuten kochen, bis sie an der Oberfläche schwimmen. Gut abtropfen lassen und mit den Schalotten und Erbsen in die Pfanne geben.

k) Ein bis zwei Minuten kochen lassen, um die Aromen zu vermischen, dann in eine große Servierschüssel umfüllen.

l) Mit viel Pfeffer würzen und sofort servieren.

73. Zucchininudeln mit Parmesan

Macht 2
Gesamtzeit: 7 Minuten

Zutaten
- 2 mittelgroße Zucchini
- 2 Esslöffel Butter
- 3 große Knoblauchzehen, gehackt
- 3/4 Tasse Parmesankäse
- 1/4 Teelöffel rote Chiliflocken

Richtungen

a) Zucchini mit dem Gemüsespiralschneider oder Julienneschäler in Spiralen oder Nudelstränge schneiden. Nudeln beiseite stellen.

b) Eine große Pfanne bei mittlerer bis hoher Hitze erhitzen. Butter schmelzen, dann Knoblauch hinzufügen. Kochen Sie den Knoblauch etwa 30 Sekunden lang, bis er duftet und durchscheinend ist.

c) Zucchini-Nudeln hinzufügen und ca. 3-5 Minuten kochen, bis sie weich sind.

d) Nehmen Sie die Pfanne vom Herd, geben Sie den Parmesankäse hinzu und würzen Sie ihn großzügig mit Salz und Pfeffer.

e) Chiliflocken hinzufügen und warm servieren.

74. Mandelbutter-Tofu-Pfanne

Macht 6

Zutaten
- 1 12-Unzen-Paket zusätzlicher Tofu.
- 2 Esslöffel Sesamöl (aufgeteilt).
- 4 Esslöffel natriumarme Tamari
- 3 Esslöffel Ahornsirup.
- 2 Esslöffel Mandelbutter
- 2 Esslöffel Limettensaft.
- 1-2 Teelöffel Chili-Knoblauch-Sauce
- Gemüse
- Wildreis, weißer Reis oder Blumenkohlreis.

Richtungen:

a) Wenn der Ofen vorgeheizt ist, den Tofu auspacken und in kleine Würfel schneiden.

b) In der Zwischenzeit die Hälfte des Sesamöls, Tamari, Ahornsirup, Mandelbutter, Limettensaft und Chili-Knoblauch-Sauce/rote Pfefferflocken/Thai-Chilis in eine kleine Rührschüssel geben. Zum Integrieren vermischen.

c) Gebackenen Tofu in die Mandelbutter-Tamari-Sauce geben und 5 Minuten lang marinieren lassen, dabei gelegentlich umrühren. Je länger es mariniert, desto intensiver ist der Geschmack, ich finde jedoch, dass 5-10 Minuten ausreichend sind.

d) Eine große Bratpfanne bei mittlerer Hitze erhitzen. Wenn es heiß ist, fügen Sie den Tofu hinzu und lassen Sie den größten Teil der Marinade zurück.

e) Unter gelegentlichem Rühren etwa 5 Minuten kochen lassen, bis es von allen Seiten gebräunt und leicht karamellisiert ist. Aus der Pfanne nehmen und beiseite stellen.

f) Geben Sie das restliche Sesamöl der Marinade in die Pfanne.

75. Quinoa-Kichererbsen-Buddha-Schüssel

Macht 2

Zutaten

Kichererbsen:
- 1 Tasse trockene Kichererbsen.
- 1/2 Teelöffel Meersalz.

Quinoa:
- 1 Esslöffel Oliven-, Traubenkern- oder Avocadoöl (oder Kokosnuss).
- 1 Tasse weiße Quinoa (gut abgespült).
- 1 3/4 Tasse Wasser.
- 1 gesunde Prise Meersalz.

Grünkohl:
- 1 große Packung Grünkohl

Tahini-Sauce:
- 1/2 Tasse Tahini.
- 1/4 Teelöffel Meersalz.
- 1/4 Teelöffel Knoblauchpulver.
- 1/4 Tasse Wasser.

Zum Servieren:
- Frischer Zitronensaft.

Richtungen:

a) Weichen Sie die Kichererbsen entweder über Nacht in kaltem Wasser ein oder verwenden Sie die schnelle Einweichmethode: Geben Sie die abgespülten Kichererbsen in einen großen Topf und bedecken Sie sie mit 5 cm Wasser. Abgießen, abspülen und zurück in den Topf geben.

b) Um eingeweichte Kichererbsen zu kochen, geben Sie sie in einen großen Topf und bedecken Sie sie mit 5 cm Wasser. Bei starker Hitze zum Kochen bringen, dann die Hitze auf köcheln reduzieren, Salz hinzufügen und umrühren und ohne Deckel 40 Minuten bis 1 Stunde und 20 Minuten kochen lassen.

c) Probieren Sie nach 40 Minuten eine Bohne, um zu sehen, wie zart sie ist. Sobald die Bohnen fertig sind, die Bohnen abtropfen lassen, beiseite stellen und mit etwas mehr Salz bestreuen.

d) Bereiten Sie das Dressing vor, indem Sie Tahini, Meersalz und Knoblauchpulver in eine kleine Rührschüssel geben und verrühren. Dann nach und nach Wasser hinzufügen, bis eine gießbare Soße entsteht.

e) Geben Sie 1/2-Zoll Wasser in eine mittelgroße Pfanne und lassen Sie es bei mittlerer Hitze köcheln. Den Grünkohl sofort vom Herd nehmen und zum Servieren in eine kleine Schüssel geben.

76. Klebriger Tofu mit Nudeln

Zutaten:
- 1/2 große Gurke.
- 100 ml Reisrotweinessig.
- 2 Esslöffel goldener Puderzucker.
- 100 ml Pflanzenöl.
- 200 g Packung Firmentofu, in 3 cm große Würfel schneiden.
- 2 Esslöffel Ahornsirup.
- 4 Esslöffel braune oder weiße Misopaste.
- 30 g weiße Sesamkörner.
- 250 g getrocknete Soba-Nudeln.
- 2 Frühlingszwiebeln, zerkleinert, zum Servieren.

Richtungen:

a) Schneiden Sie mit einem Sparschäler dünne Streifen von der Gurke ab und lassen Sie dabei die Kerne zurück. Die Bänder in eine Schüssel geben und beiseite stellen. Essig, Zucker, 1/4 Teelöffel Salz und 100 ml Wasser in einer Pfanne bei mittlerer Hitze 3–5 Minuten lang vorsichtig erhitzen, bis sich der Zucker verflüssigt, dann über die Gurken gießen und im Kühlschrank einlegen lassen, während Sie den Tofu zubereiten.

b) Das gesamte Öl bis auf einen Esslöffel in einer großen, beschichteten Bratpfanne bei mittlerer Hitze erhitzen, bis Blasen an die Oberfläche steigen. Den Tofu dazugeben und 7-10 Minuten braten.

c) In einer kleinen Schüssel Honig und Miso vermischen. Die Sesamkörner auf einem Teller verteilen. Bestreichen Sie den gebratenen Tofu mit der klebrigen Honigsauce und legen Sie alle Reste beiseite. Den Tofu gleichmäßig mit den Kernen bestreichen, mit etwas Salz bestreuen und an einem warmen Ort stehen lassen.

d) Bereiten Sie die Nudeln vor und vermengen Sie sie mit dem restlichen Öl, der restlichen Soße und 1 Esslöffel der Gurkeneinlegeflüssigkeit. 3 Minuten kochen lassen, bis es durchgewärmt ist.

77. Veganer BBQ-Teriyaki-Tofu

Zutaten:
- 4 Esslöffel salzarme Sojasauce.
- 2 Esslöffel weicher brauner Zucker.
- Eine Prise gemahlenen Ingwer.
- 2 Esslöffel Mirin.
- 3 Teelöffel Sesamöl.
- 350 g blockfesten Tofu (siehe Tipp unten) in dicke Scheiben schneiden.
- 1/2 Esslöffel Rapsöl.
- 2 Zucchini, horizontal in Streifen geschnitten.
- 200 g zarter Stängelbrokkoli.
- Weiße und schwarze Sesamkörner zum Servieren.

Richtungen:
a) Sojasauce, weichen braunen Zucker, Ingwer und Mirin mit 1 Teelöffel Sesamöl vermischen und die Tofustücke damit bestreichen.
b) Geben Sie sie in eine große, flache Schüssel und geben Sie die restliche Marinade darüber. Mindestens 1 Stunde kalt stellen.
c) Erhitzen Sie den Grill, bis die Kohlen weiß glühen, oder erhitzen Sie eine Grillpfanne. Das restliche Sesamöl mit dem Rapsöl vermischen und die Zucchinischeiben und den Brokkoli damit bestreichen.
d) Grillen Sie sie 7-10 Minuten lang oder bis sie brennen über den Kohlen, stellen Sie sie dann beiseite und halten Sie sie warm.
e) Die Tofustücke auf beiden Seiten 5 Minuten über den Kohlen grillen (oder die Bratpfanne verwenden), bis sie braun werden und an den Rändern knusprig werden.
f) Den Tofu auf einem Gemüsebett mit der restlichen Marinade servieren und über die Sesamkörner streuen.

78. Tofu mit Radieschenkruste

Zutaten:
- 200 g fester Tofu.
- 2 Esslöffel Sesamkörner.
- 1 Esslöffel japanisches Sashimi Togarashi.

Gewürzmischung
- 1/2 Esslöffel Maismehl.
- 1 Esslöffel Sesamöl.
- 1 Esslöffel Pflanzenöl.
- 200 g zarter Stängelbrokkoli.
- 100 g Zuckerschoten.
- 4 Radieschen, sehr fein geschnitten.
- 2 Frühlingszwiebeln, sorgfältig in Scheiben geschnitten.
- 3 Kumquats, sehr fein geschnitten.

Für das Dressing
- 2 Esslöffel salzarme japanische Sojasauce.
- 2 Esslöffel Yuzu-Saft
- 1 Teelöffel goldener Puderzucker.
- 1 kleine Schalotte, fein gewürfelt.
- 1 Teelöffel geriebener Ingwer.

Richtungen:

a) Den Tofu halbieren, gut mit Küchenpapier abdecken und auf einen Teller legen. Stellen Sie eine schwere Bratpfanne darauf, um das Wasser herauszudrücken. Bearbeiten Sie das Papier ein paar Mal, bis sich der Tofu trocken anfühlt, und schneiden Sie ihn dann in grobe Stücke.

b) Sesamkörner, japanische Gewürzmischung und Maismehl in einer Schüssel vermischen. Über den Tofu sprühen, bis eine gleichmäßige Schichtung entsteht. Beiseite legen.

c) In einer kleinen Schüssel die Zutaten für das Dressing vermischen. Für das Gemüse einen Topf Wasser zum Kochen bringen und die beiden Öle in einer großen Bratpfanne erhitzen.

d) Wenn die Bratpfanne sehr heiß ist, geben Sie den Tofu hinein und braten Sie ihn auf jeder Seite etwa 1 Minute lang, bis er schön gebräunt ist.

e) Wenn das Wasser kocht, bereiten Sie den Brokkoli und die Zuckerschoten 2-3 Minuten lang vor.

79. Rauchiger Kichererbsen-Thunfischsalat

Kichererbsen-Thunfisch:
- 15 Unzen. gekochte Kichererbsen aus der Dose oder anders.
- 2-3 Esslöffel milchfreier Naturjoghurt oder vegane Mayonnaise.
- 2 Teelöffel Dijon-Senf.
- 1/2 Teelöffel gemahlener Kreuzkümmel.
- 1/2 Teelöffel geräuchertes Paprikapulver.
- 1 Esslöffel frischer Zitronensaft.
- 1 Selleriestange gewürfelt.
- 2 Frühlingszwiebeln gehackt.
- Meersalz nach Geschmack.

Sandwich-Montage:
- 4 Stück Roggenbrot oder gekeimtes Weizenbrot.
- 1 Tasse Säuglingsspinat.
- 1 Avocado in Scheiben oder Würfel geschnitten.
- Salz + Pfeffer.

Richtungen:
a) Bereiten Sie den Kichererbsen-Thunfisch-Salat vor
b) Zerkleinern Sie die Kichererbsen in einer Küchenmaschine, bis sie eine grobe, krümelige Konsistenz haben. Die Kichererbsen in eine mittelgroße Schüssel geben und die restlichen aktiven Zutaten dazugeben und gut verrühren. Mit reichlich Meersalz nach eigenem Geschmack würzen.
c) Machen Sie Ihr Sandwich
d) Den Babyspinat auf jede Brotscheibe schichten; Fügen Sie mehrere Häufchen Kichererbsen-Thunfischsalat hinzu und verteilen Sie ihn gleichmäßig. Mit Avocadoscheiben, ein paar Körnern Meersalz und frisch gemahlenem Pfeffer belegen.

NACHSPEISEN

80. Mit Koriander angereichertes Avocado-Limetten-Sorbet

Ergibt 4

Zutaten
- 2 Avocados (ohne Kern und Schale)
- 1/4 Tasse Erythritol, pulverisiert
- 2 mittelgroße Limetten, entsaftet und geschält
- 1 Tasse Kokosmilch
- 1/4 Teelöffel flüssiges Stevia
- 1/4 – 1/2 Tasse Koriander, gehackt

Richtungen
a) Kokosmilch in einem Topf zum Kochen bringen. Die Limettenschale hinzufügen.
b) Lassen Sie die Mischung abkühlen und frieren Sie sie dann ein.
c) In einer Küchenmaschine Avocado, Koriander und Limettensaft vermischen. Pulsieren, bis die Mischung eine stückige Konsistenz hat.
d) Gießen Sie die Kokosmilchmischung und das flüssige Stevia über die Avocados. Mischen Sie die Mischung, bis die richtige Konsistenz erreicht ist. Die Ausführung dieser Aufgabe dauert etwa 2-3 Minuten.
e) Zum Auftauen zurück in den Gefrierschrank stellen oder sofort servieren!

81. Käse-Sahne-Torte mit Kürbis

Macht 1

Zutaten
Die Kruste
- 3/4 Tasse Mandelmehl
- 1/2 Tasse Leinsamenmehl
- 1/4 Tasse Butter
- 1 Teelöffel Kürbiskuchengewürz
- 25 Tropfen flüssiges Stevia

Die Füllung
- 6 Unzen. Veganer Frischkäse
- 1/3 Tasse Kürbispüree
- 2 Esslöffel Sauerrahm
- 1/4 Tasse vegane Sahne
- 3 Esslöffel Butter
- 1/4 Teelöffel Kürbiskuchengewürz
- 25 Tropfen flüssiges Stevia

Richtungen

a) Alle trockenen Zutaten der Kruste vermischen und gründlich verrühren.

b) Die trockenen Zutaten mit der Butter und dem flüssigen Stevia vermischen, bis ein Teig entsteht.

c) Rollen Sie den Teig für Ihre Mini-Tarteformen in kleine Kugeln.

d) Drücken Sie den Teig gegen den Rand der Tarteform, bis er den Rand erreicht und nach oben geht.

e) Alle Zutaten für die Füllung in einer Rührschüssel vermischen.

f) Mischen Sie die Zutaten für die Füllung mit einem Stabmixer.

g) Sobald die Füllungszutaten glatt sind, verteilen Sie sie auf der Kruste und kühlen Sie sie ab.

h) Aus dem Kühlschrank nehmen, in Scheiben schneiden und nach Belieben mit Schlagsahne belegen.

82. Mokka-Eis

Macht 2

Zutaten
- 1 Tasse Kokosmilch
- 1/4 Tasse vegane Sahne
- 2 Esslöffel Erythrit
- 20 Tropfen flüssiges Stevia
- 2 Esslöffel Kakaopulver
- 1 Esslöffel Instantkaffee
- Minze

Richtungen
a) Mischen Sie alle Zutaten, geben Sie sie dann in Ihre Eismaschine und rühren Sie sie gemäß den Anweisungen des Herstellers 15–20 Minuten lang um.

b) Wenn das Eis weich gefroren ist, sofort mit einem Minzblatt servieren.

83. Kirsch- und Schokoladendonuts

Ergibt 12

Trockene Inhaltsstoffe
- 3/4 Tasse Mandelmehl
- 1/4 Tasse goldenes Leinsamenmehl
- 1 Teelöffel Backpulver
- Prise Salz
- 10-g-Riegel dunkle Schokolade, in Stücke gewürfelt

Nasse Zutaten
- 2 große Eier
- 1 Teelöffel Vanilleextrakt
- 2 1/2 Esslöffel Kokosöl
- 3 Esslöffel Kokosmilch

Richtungen

a) In einer großen Rührschüssel die trockenen Zutaten (außer der dunklen Schokolade) vermischen.

b) Die feuchten Zutaten untermischen und dann die dunklen Schokoladenstücke unterheben.

c) Schließen Sie Ihren Donut-Maker an und ölen Sie ihn bei Bedarf ein.

d) Den Teig in den Donut-Maker füllen, verschließen und ca. 4–5 Minuten backen.

e) Reduzieren Sie die Hitze auf eine niedrige Stufe und lassen Sie es weitere 2-3 Minuten kochen.

f) Mit dem restlichen Teig wiederholen und dann servieren.

84. Brombeerpudding

Macht 1
Zutaten
- 1/4 Tasse Kokosmehl
- 1/4 Teelöffel Backpulver
- 2 Esslöffel Kokosöl
- 2 Esslöffel vegane Butter
- 2 Esslöffel vegane Sahne
- 2 Teelöffel Zitronensaft
- Schale von 1 Zitrone
- 1/4 Tasse Brombeeren
- 2 Esslöffel Erythrit
- 20 Tropfen flüssiges Stevia

Richtungen
a) Heizen Sie den Ofen auf 350 Grad Fahrenheit vor.
b) Die trockenen Zutaten über die nassen Zutaten sieben und bei niedriger Geschwindigkeit vermischen, bis alles gut vermischt ist.
c) Den Teig auf zwei Auflaufförmchen verteilen.
d) Drücken Sie die Brombeeren oben auf den Teig, um sie gleichmäßig im Teig zu verteilen.
e) 20-25 Minuten backen.
f) Mit einem Klecks kräftiger Schlagsahne servieren!

85. Kürbiskuchen mit Ahornsirup

Ergibt 8 Portionen

Zutaten
- 1 veganer Tortenboden
- 1 (16 Unzen) Dose fester Kürbis
- 1 (12 Unzen) Packung extrafester Seidentofu, abgetropft
- 1 Tasse Zucker
- 2 Teelöffel gemahlener Zimt
- 1/2 Teelöffel gemahlener Piment
- 1/2 Teelöffel gemahlener Ingwer
- 1/2 Teelöffel gemahlene Muskatnuss

Richtungen
a) Kürbis und Tofu in einer Küchenmaschine glatt rühren. Zucker, Ahornsirup, Zimt, Piment, Ingwer und Muskatnuss hinzufügen, bis eine glatte Masse entsteht.
b) Heizen Sie den Ofen auf 400 Grad Fahrenheit vor.
c) Füllen Sie den Boden mit der Füllung. 15 Minuten bei 350 °F backen.

86. Rustikaler Cottage Pie

Ergibt 4 bis 6 Portionen

Zutaten

- Yukon Gold-Kartoffeln, geschält und gewürfelt
- 2 Esslöffel vegane Margarine
- 1/4 Tasse ungesüßte Sojamilch
- Salz und frisch gemahlener schwarzer Pfeffer
- 1 Esslöffel Olivenöl
- 1 mittelgelbe Zwiebel, fein gehackt
- 1 mittelgroße Karotte, fein gehackt
- 1 Sellerierippe, fein gehackt
- 12 Unzen Seitan, fein gehackt
- 1 Tasse gefrorene Erbsen
- 1 Tasse gefrorene Maiskörner
- 1 Teelöffel getrocknetes Bohnenkraut
- 1/2 Teelöffel getrockneter Thymian

Richtungen

a) In einem Topf mit kochendem Salzwasser die Kartoffeln 15 bis 20 Minuten kochen, bis sie weich sind.

b) Gut abtropfen lassen und zurück in den Topf geben. Fügen Sie Margarine, Sojamilch sowie Salz und Pfeffer hinzu und schmecken Sie ab.

c) Mit einem Kartoffelstampfer grob zerstampfen und beiseite stellen. Heizen Sie den Ofen auf 350 °F vor.

d) In einer großen Pfanne das Öl bei mittlerer Hitze erhitzen. Zwiebel, Karotte und Sellerie hinzufügen.

e) Abdecken und ca. 10 Minuten kochen lassen, bis es weich ist. Übertragen Sie das Gemüse in eine 9 x 13 Zoll große Backform. Seitan, Pilzsauce, Erbsen, Mais, Bohnenkraut und Thymian unterrühren.

f) Mit Salz und Pfeffer abschmecken und die Mischung gleichmäßig in der Backform verteilen.

g) Mit dem Kartoffelpüree belegen und bis zum Rand der Backform verteilen. Backen, bis die Kartoffeln gebräunt sind und die Füllung Blasen bildet, etwa 45 Minuten.

h) Sofort servieren.

87. Schokoladen-Amaretto-Fondue

Ergibt 4 Portionen

Zutaten
- 3 Unzen ungesüßte Backschokolade
- 1 Tasse Sahne
- 24 Päckchen Aspartam-Süßstoff
- 1 Esslöffel Zucker
- 1 Teelöffel Amaretto
- 1 Teelöffel Vanilleextrakt
- Beeren, ½ Tasse pro Portion

Richtungen

a) Brechen Sie die Schokolade in kleine Stücke und geben Sie sie mit der Sahne in ein 2-Tassen-Glas.

b) In der Mikrowelle auf höchster Stufe erhitzen, bis die Schokolade geschmolzen ist, etwa 2 Minuten. Rühren, bis die Mischung glänzt.

c) Süßstoff, Zucker, Amaretto und Vanille hinzufügen und verrühren, bis die Mischung glatt ist.

d) Geben Sie die Mischung in einen Fonduetopf oder eine Servierschüssel. Mit Beeren zum Dippen servieren.

88. Flans mit Himbeercoulis

Ergibt 2 bis 4 Portionen

Zutaten
- 1 Tasse Milch
- 1 Tasse halb und halb
- 2 große Eier
- 2 große Eigelb
- 6 Päckchen Aspartam-Süßstoff
- ¼ Teelöffel koscheres Salz
- 1 Teelöffel Vanilleextrakt
- 1 Tasse frische Himbeeren

Richtungen

a) Stellen Sie einen mit 2,5 cm Wasser gefüllten Bräter auf einen Rost im unteren Drittel des Ofens.

b) Sechs ½-Zoll-Auflaufförmchen mit Butter bestreichen. Erhitzen Sie die Milch und die Hälfte in der Mikrowelle auf höchster Stufe (100 Prozent Leistung) für 2 Minuten oder auf dem Herd in einem mittelgroßen Topf, bis sie warm sind.

c) In der Zwischenzeit Eier und Eigelb in einer mittelgroßen Schüssel schaumig schlagen.

d) Die heiße Milchmischung nach und nach unter die Eier rühren. Süßstoff, Salz und Vanille einrühren. Gießen Sie die Mischung in die vorbereiteten Auflaufförmchen.

e) In die mit Wasser gefüllten Töpfe geben und ca. 30 Minuten backen, bis der Pudding fest ist.

f) Nehmen Sie das Geschirr aus dem Bräter, lassen Sie es auf einem Gitter auf Raumtemperatur abkühlen und stellen Sie es dann etwa zwei Stunden lang in den Kühlschrank, bis es abgekühlt ist.

g) Um das Coulis zuzubereiten, pürieren Sie einfach die Himbeeren in der Küchenmaschine. Nach Geschmack Süßstoff hinzufügen.

h) Führen Sie zum Servieren einen Löffel um den Rand jedes Puddings und stürzen Sie ihn auf einen Dessertteller.

i) Coulis über die Vanillesoße träufeln und mit ein paar frischen Himbeeren und einem Zweig Minze (falls verwendet) abschließen.

89. Fruchtbällchen in Bourbon

Ergibt 2 Portionen

Zutaten
- ½ Tasse Melonenkugeln
- ½ Tasse halbierte Erdbeeren
- 1 Esslöffel Bourbon
- 1 Esslöffel Zucker
- ½ Päckchen Aspartam-Süßstoff
- Zweige frische Minze zum Garnieren

Richtungen
a) Melonenkugeln und Erdbeeren in einer Glasschüssel vermischen.
b) Mit Bourbon, Zucker und Aspartam vermengen.
c) Abdecken und bis zum Servieren im Kühlschrank aufbewahren. Die Früchte in Dessertschalen verteilen und mit Minzblättern dekorieren.

VINAIGRETTEN UND MARINADEN

90. Knoblauch-Ranch-Dressing

Zutaten
- 1 Teelöffel Knoblauchpulver
- 2 Esslöffel Mayonnaise
- 2 Teelöffel Dijon-Senf
- 2 Esslöffel frischer Zitronensaft
- Salz und frisch gemahlener schwarzer Pfeffer nach Geschmack

Richtungen
a) Alle Zutaten in einer Salatschüssel vermischen.
b) Mit einem Salat vermischen und servieren.

91. Dressing aus roten Zwiebeln und Koriander

Zutaten
- 1 Teelöffel fein gehackte rote Zwiebel
- ½ Teelöffel fein gehackter kristallisierter Ingwer
- 1 Esslöffel blanchierte und gehobelte Mandeln
- 2 Teelöffel Sesamkörner
- ¼ Teelöffel Anissamen
- 1 Teelöffel gehackter frischer Koriander
- ⅛ Teelöffel Cayennepfeffer
- 1 Esslöffel Weißweinessig
- 1 Esslöffel natives Olivenöl extra

Richtungen

a) In einer kleinen Schüssel Zwiebel, Ingwer, Mandeln, Sesam, Anissamen, Koriander, Cayennepfeffer und Essig vermischen.

b) Das Olivenöl einrühren, bis alles gut vermischt ist.

92. Dilly Ranch-Creme-Dressing

Zutaten
- 2 Esslöffel Mayonnaise
- 1 Esslöffel fein gehackter frischer Dill
- 1 Esslöffel Weißweinessig
- 1 Teelöffel Dijon-Senf

Richtungen
a) Alle Zutaten in einer Salatschüssel verrühren.
b) Mit Salat vermischen und servieren.

93. Heißes Cha-Cha-Dressing

Zutaten
- 1 Esslöffel natives Olivenöl extra
- 1 Esslöffel Mayonnaise
- 2 Esslöffel milde oder scharfe Salsa
- ¼ Teelöffel frisch gemahlener schwarzer Pfeffer
- ⅛ Teelöffel gemahlener Kreuzkümmel
- 1 Teelöffel Knoblauchpulver
- ¼ Teelöffel Oregano
- Cayennepfeffer nach Geschmack (optional)
- Salz und frisch gemahlener schwarzer Pfeffer nach Geschmack

Richtungen
a) Alle Zutaten in einer kleinen Schüssel gründlich vermischen.
b) Abschmecken und Gewürze anpassen.

94. Vinaigrette nach Cajun-Art

Zutaten
- 2 Esslöffel Rotweinessig
- ½ Teelöffel süßer Paprika
- ½ Teelöffel körniger Dijon-Senf
- ⅛ Teelöffel Cayennepfeffer oder nach Geschmack
- ⅛ Teelöffel (oder weniger) Zuckerersatz, optional oder nach Geschmack
- 2 Esslöffel natives Olivenöl extra
- Salz und frisch gemahlener schwarzer Pfeffer nach Geschmack

Richtungen
a) Alle Zutaten in einer Salatschüssel verrühren. Abschmecken und Gewürze anpassen.
b) Salatgrün darüber schichten, vermengen und servieren.

95. Senfvinaigrette

Zutaten
- 2 Esslöffel natives Olivenöl extra
- 2 Teelöffel körniger Senf
- 1 Esslöffel Knoblauchpulver
- ½ Teelöffel zubereiteter Meerrettich
- 2 Esslöffel Rotweinessig
- ¼ Teelöffel Zucker
- Salz und frisch gemahlener schwarzer Pfeffer nach Geschmack

Richtungen
a) Alle Zutaten in einer Salatschüssel vermischen. Abschmecken und Gewürze anpassen.
b) Mit dem Salat belegen und kurz vor dem Servieren vermischen.

96. Ingwer-Pfeffer-Vinaigrette

Zutaten
- 1 Esslöffel Reisweinessig
- ¼ Teelöffel Zucker
- 1 Knoblauchzehe, fein gehackt
- ½ Teelöffel fein gehackter frischer Ingwer
- ¼ Teelöffel zerstoßene getrocknete scharfe Chilis
- ¼ Teelöffel trockener Senf
- ¼ Teelöffel Sesamöl
- 2 Esslöffel Pflanzenöl

Richtungen

a) Alle Zutaten in einer Salatschüssel vermischen. Abschmecken und Gewürze anpassen.

b) Mit Salat belegen und kurz vor dem Servieren vermischen.

97. **Zitrusvinaigrette**

Zutaten
- 1 Esslöffel frischer Zitronensaft
- 1 Esslöffel frischer Limettensaft
- 1 Esslöffel frischer Orangensaft
- 1 Teelöffel Reisweinessig
- 3 Esslöffel natives Olivenöl extra
- ½ Teelöffel Zucker
- Salz und frisch gemahlener schwarzer Pfeffer nach Geschmack

Richtungen

a) Alle Zutaten in einer großen Salatschüssel vermischen. Salatblätter auf das Dressing schichten.

b) Kurz vor dem Servieren umrühren.

98. Weißer Pfeffer und Nelken einreiben

Zutaten
- ¼ Tasse weiße Pfefferkörner
- 1 Esslöffel gemahlener Piment
- 1 Esslöffel gemahlener Zimt
- 1 Esslöffel gemahlenes Bohnenkraut
- 2 Esslöffel ganze Nelken
- 2 Esslöffel gemahlene Muskatnuss
- 2 Esslöffel Paprika
- 2 Esslöffel getrockneter Thymian

Richtungen

a) Alle Zutaten in einem Mixer oder einer Küchenmaschine vermischen.

b) In einem Glas mit dicht schließendem Deckel aufbewahren.

99. Chili-Trockenreibe

Zutaten
- 3 Esslöffel Knoblauchpulver
- 3 Esslöffel Paprika
- 1 Esslöffel Chilipulver
- 2 Teelöffel Salz
- 1 Teelöffel frisch gemahlener schwarzer Pfeffer oder nach Geschmack
- ¼ Teelöffel Cayennepfeffer

Richtungen

a) Mahlen Sie die Gewürzmischung in einer Küchenmaschine oder einem Mixer oder verwenden Sie Mörser und Stößel.

b) In einem Glas mit dicht schließendem Deckel aufbewahren.

100. Basische Marinade auf pflanzlicher Basis

Zutaten:

1/4 Tasse Olivenöl
1/4 Tasse Sojasauce
2 EL Ahornsirup oder Agavendicksaft
2 Knoblauchzehen, gehackt
1 TL geräuchertes Paprikapulver
1 TL getrockneter Thymian
Salz und Pfeffer nach Geschmack
Anweisungen:

In einer Rührschüssel Olivenöl, Sojasauce, Ahornsirup oder Agavendicksaft, gehackten Knoblauch, geräuchertes Paprikapulver, getrockneten Thymian, Salz und Pfeffer verrühren.
Füllen Sie die Marinade in einen verschließbaren Behälter oder eine Plastiktüte.
Geben Sie das gewünschte Protein wie Tofu, Tempeh oder Gemüse in den Behälter oder Beutel und marinieren Sie es mindestens 30 Minuten oder bis zu 24 Stunden lang.
Kochen Sie das marinierte Protein mit der von Ihnen gewünschten Methode, z. B. Grillen, Backen oder Sautieren.
Servieren und genießen!

ABSCHLUSS

Dieses Kochbuch ist eine großartige Ressource für alle, die sich für eine vollwertige, pflanzliche Ernährung interessieren. Die Rezepte sind leicht nachzumachen, köstlich und bestehen aus einfachen Zutaten, die in jedem Lebensmittelgeschäft erhältlich sind. Dieses Kochbuch eignet sich nicht nur für Veganer und Vegetarier, sondern auch für alle, die ihre Gesundheit und ihr Wohlbefinden verbessern möchten, indem sie mehr pflanzliche Mahlzeiten in ihre Ernährung integrieren.

Das Tolle an diesem Kochbuch ist, dass es eine Vielzahl von Rezepten für jede Mahlzeit des Tages sowie Snacks und Desserts bietet. Von Smoothie-Bowls bis hin zu herzhaften Eintöpfen ist in diesem Kochbuch für jeden etwas dabei.

www.ingramcontent.com/pod-product-compliance
Lightning Source LLC
LaVergne TN
LVHW021707060526
838200LV00050B/2548